RECETAS SABROSAS

Cocina india

Shehzad Husain

Nota

Una cucharada equivale a 15 ml. Si no se indica otra cosa,
la leche será entera, los huevos, de tamaño medio (nº 3),
y la pimienta, pimienta negra recién molida.

Las recetas que llevan huevo crudo o muy poco cocido
no son indicadas para los niños muy pequeños,
los ancianos, las mujeres embarazadas, las personas
convalecientes y cualquiera que sufra alguna enfermedad.

Sumario

Introducción

El subcontinente que comprende la India y Paquistán tiene una extensión de unos 4 millones de km² y abarca muchas culturas y religiones diferentes. Entre los principales grupos están los hinduistas y los musulmanes, con sus propias sectas minoritarias, además de los parsis y los cristianos. Todos han dejado su huella en los hábitos alimenticios y en los gustos de las diversas comunidades étnicas del subcontinente. Por ejemplo, la comida del norte difiere considerablemente a la del sur. Los pueblos del norte, donde se cultiva el trigo, prefieren como alimento básico los panes indios, como las *chapatis* o *paratas*, mientras que los meridionales prefieren el arroz, cultivado en sus propias tierras.

Los musulmanes son el grupo de población que come carne, pero por motivos religiosos no toman ningún producto derivado del cerdo, que consideran un animal impuro. Los hindúes, en su mayoría vegetarianos, tienen prohibido consumir carne de vacuno, ya que la vaca es un animal sagrado para ellos.

En Oriente hace miles de años que dan sabor a sus comidas con especias y hierbas, y la India ha sido durante siglos un importante proveedor de especias para las naciones occidentales. Pero ha sido durante los últimos veinte años cuando la mayoría de los occidentales ha empezado a descubrir nuestra cocina especiada. Es posible que en parte se deba a la mejora de las comunicaciones con la India, gracias a los viajes en avión, y al hecho de que muchas personas visitan ahora ese país, donde tienen la oportunidad de probar una variedad de platos autóctonos. Pero por encima de todo se debe a la proliferación de restaurantes indios en ciudades de todo el mundo, en especial de las islas británicas. Las comunidades indias que se han asentado en otros países no sólo han conservado su propia cultura y hábitos alimentarios, sino que, al establecer sus propias redes comerciales para conseguir productos especializados, han hecho que la genuina cocina india esté al alcance de muchísimas más personas que hace una década.

Los platos de la cocina india son fáciles, en el sentido de que sólo unos pocos requieren atención especial antes de servirlos (quizá en algunos casos simplemente espolvorear con algún aderezo); la mayoría pueden prepararse con antelación y congelarse sin ningún problema, e incluso algunos saben mejor después de reposar unas horas; otros se podrán conservar en la nevera un día o dos, y después recalentarse. Además, como es perfectamente correcto servir todos los platos a la vez, con excepción del postre, el cocinero no tiene que hacer viajes a la cocina para llevar a la mesa un plato tras otro: todo se deposita en la mesa al inicio de la comida.

¿Qué pasa con las especias? ¿Hay que invertir una fortuna para tener la despensa llena de exóticos ingredientes para poder iniciarse en esta cocina? ¿Y cómo calcular qué grado de picante es el adecuado para sus invitados? Casi todas las recetas de este libro contienen especias de un tipo u otro, pero no necesariamente toda una selección para un solo plato. No obstante, si ya sabe que le gusta la comida india y piensa cocinar con regularidad, es aconsejable que compre una gama básica de especias (consulte la página siguiente), con la que podrá preparar una buena variedad de recetas. A partir de esta gama básica, puede ir añadiendo otros ingredientes a medida que pruebe más platos. El picante suele depender de la cantidad de guindilla, en cualquiera de sus presentaciones:

las guindillas frescas, que yo utilizo mucho tanto para aderezar como para preparar curries, las guindillas secas y las molidas (guindilla en polvo o de cayena). Es mejor que sea prudente con las cantidades utilizadas hasta que no tenga cierta experiencia con la cocina india, y recuerde que, si extrae las semillas, el sabor no será tan picante. Pero, por encima de todo, no cometa el error de pensar que todos los curries indios tienen que ser muy picantes para ser "auténticos." Planifique siempre sus comidas para que contengan unos platos suaves y otros más picantes, porque tampoco se trata de estropear el paladar de sus invitados con un exceso de picante que no le dejará degustar otros platos más delicados.

UTENSILIOS NECESARIOS PARA LA COCINA INDIA

Probablemente ya dispone en su cocina de todo lo que precisará para cocinar platos indios. Alguna cacerola de buena calidad, de base gruesa, y una sartén, también con una buena base, son artículos esenciales que complementará con algunas espátulas de madera, y a poder ser con una espumadera para remover el arroz. Necesitará como mínimo un buen cuchillo afilado y una taza para medir.

Puede moler las especias en un mortero, un molinillo de café, una picadora o con un rodillo de cocina: en muchas cocinas indias siguen pensando que una piedra plana para moler y un utensilio similar a un rodillo, llamado *mussal*, es la mejor solución.

INGREDIENTES PARA SU DESPENSA

Su gama básica de especias debería incluir jengibre fresco y ajo, guindilla en polvo, cúrcuma, cardamomo, pimienta negra, cilantro y comino molidos. Las especias en polvo se conservan perfectamente en recipientes hermé-

ticos, mientras que el jengibre fresco y el ajo duran unos 7-10 días en la nevera. Otros ingredientes útiles que puede ir adquiriendo a medida que su repertorio aumente son las semillas de comino (blancas y negras), las semillas de mostaza, el *kalonji*, clavos, canela, guindillas rojas secas, la alholva o *fenogreco*, *ghee* vegetal y *garam masala* (una mezcla de especias que puede comprar ya preparada o hacerla en casa y guardarla para cuando la necesite).

CÓMO UTILIZAR LAS ESPECIAS

Puede utilizar las especias enteras, molidas, tostadas, fritas o mezcladas con yogur para macerar carnes rojas y blancas. Una sola especia puede modificar el sabor de un plato, y una combinación de ellas puede producir diferentes colores y texturas. Las cantidades indicadas en las recetas son solamente a título indicativo. Puede poner más o menos, especialmente en el caso de la sal y de la guindilla en polvo, ya que depende del gusto personal.

Muchas recetas de este libro llevan especias molidas, que se pueden encontrar en supermercados y en colmados indios y paquistaníes. En la India casi siempre molemos las especias en casa, y sin duda, las especias recién molidas dan mejor sabor al plato.

Algunas recetas llevan especias tostadas. En la India las tostamos con un utensilio llamado *tava* o *thawa*, pero también puede hacerse en una sartén de base gruesa, o poder ser de hierro fundido. No se necesita agua ni aceite: las especias se tuestan en seco, mientras se agita la sartén para evitar que se quemen y se peguen a la base.

Una cocción prolongada, a fuego lento, mejora el sabor de la comida porque permite la absorción de las especias. Por esto, la comida india puede recalentarse sin problema al día siguiente.

5

Carne y pescado

Este capítulo contiene una gran variedad de recetas de carne, en su mayoría de cordero. Yo prefiero utilizar la pierna de cordero, porque contiene menos grasa que la espalda, pero, si a usted le gusta más la espalda, puede combinarla en igual proporción con la pierna. En algunos casos puede sustituir el cordero por carne de buey para guisar, pero entonces tendrá que calcular un poco más de tiempo para la cocción.

En la India el pollo es una carne cara, por tanto se reserva para las ocasiones especiales. Los indios siempre preparan el pollo sin piel y cortado en trocitos pequeños. Si el pollo pesa por ejemplo 1,5 kg, debería dividirlo en 8 trozos, a menos que prepare Pollo tandoori, en cuyo caso queda mejor presentarlo en cuartos. Pida en su pollería que le quiten la piel al pollo, lo corten y lo deshuesen.

Puede que la India no esté considerada una nación donde haya mucho consumo de pescado, pero en ciertas regiones, especialmente en Bengala y por los alrededores de Karachi, el pescado es un alimento muy popular. De hecho, la dieta básica de los bengalíes es arroz y pescado.

Cordero con salsa picante

Para 6-8 personas

INGREDIENTES

175 ml de aceite

1 kg de pierna de cordero magra, en trozos grandes

1 cucharada de *garam masala*

5 cebollas medianas, picadas

150 ml de yogur

2 cucharadas de pasta de tomate

2 cucharaditas de jengibre fresco, finamente picado

2 cucharaditas de ajo chafado

1½ cucharadita de sal

2 cucharaditas de guindilla en polvo y 1 cucharada de cilantro en polvo

2 cucharaditas de nuez moscada en polvo

900 ml de agua

1 cucharada de semillas de hinojo molidas

1 cucharada de pimentón

1 cucharada de *bhoonay chanay* o harina de garbanzo

3 hojas de laurel

1 cucharada de harina

naans o *paratas*, para servir

2-3 guindillas verdes picadas, y hojas de cilantro fresco picadas, para adornar

1 Caliente el aceite en una sartén, y añada la carne y la mitad de la *garam masala*. Rehogue la mezcla 7-10 minutos, hasta que la carne esté bien recubierta. Retire la carne y resérvela.

2 Fría la cebolla hasta que esté dorada. Vuelva a incorporar la carne a la sartén, baje la temperatura y déjela cocer a fuego lento. Remueva ocasionalmente.

3 En un bol aparte mezcle el yogur con la pasta de tomate, el jengibre, el ajo, la sal, la guindilla en polvo, el cilantro, la nuez moscada y el resto de *garam masala*. Viértalo sobre la carne y rehogue durante 5-7 minutos, dejando que se mezcle todo bien.

4 Agregue la mitad del agua, las semillas de hinojo, el pimentón y la *bhoonay chanay*. Añada el resto de agua y el laurel, baje el fuego, tape y deje cocer 1 hora.

5 Deslía la harina en 2 cucharadas de agua caliente y viértalo sobre el curry. Adorne con las guindillas y el cilantro; deje cocer hasta que la carne esté tierna y la salsa espesa. Sirva con *naans* (véase pág. 178) o *paratas* (pág. 174).

Tomates con carne y yogur

Para 2-4 personas

INGREDIENTES

1 cucharadita de *garam masala*

1 cucharadita de jengibre fresco, finamente picado

1 cucharadita de ajo chafado

2 vainas de cardamomo negras

1 cucharadita de guindilla en polvo

2 ramas de canela de 2,5 cm

½ cucharadita de semillas de comino negro

1 cucharadita de sal

150 ml de yogur natural

½ kg de carne magra de cordero, cortada en dados

150 ml de aceite

2 cebollas cortadas en rodajas

600 ml de agua

2 tomates de pulpa firme, cortados en cuartos

2 cucharadas de zumo de limón

2 guindillas verdes y hojas de cilantro fresco picadas, para adornar

1 En un cuenco mezcle bien la *garam masala* con el jengibre, el ajo, la guindilla en polvo, el cardamomo, la canela, las semillas de comino, la sal y el yogur.

2 Incorpore la carne y remueva para que se impregne. Resérvela.

3 Caliente el aceite en una sartén y fría la cebolla hasta que se dore.

4 Añada la carne y saltee unos 5 minutos. Baje la temperatura, agregue el agua, tápelo y deje a fuego lento 1 hora, removiendo de vez en cuando.

5 Incorpore el tomate y rocíelo con el zumo de limón. Deje a fuego suave otros 7-10 minutos.

6 Adorne el plato con las guindillas verdes y el cilantro. Sirva caliente.

SUGERENCIA

Los platos llamados korma *o* khorma *se rehogan a fuego lento. Muchos de ellos son los suculentos y especiados platos mogoles, inspirados en la cocina persa, que se reservan para ocasiones especiales. Para un buen* korma *se necesita carne de primera calidad. Ésta absorbe el líquido de cocción, obteniéndose un plato realmente suculento.*

Cordero con cebolla y mango seco molido

Para 4 personas

INGREDIENTES

4 cebollas medianas	1 cucharadita de guindilla en polvo	450 g de pierna de cordero, cortada en dados
300 ml de aceite	una pizca de cúrcuma	600 ml de agua
1 cucharadita de jengibre fresco, finamente picado	1 cucharadita de sal	1½ cucharadita de *amchur*
1 cucharadita de ajo chafado	3 guindillas verdes, en rodajitas	hojas de cilantro fresco

1 Con un cuchillo bien afilado pique 3 cebollas muy finas.

2 Caliente 150 ml de aceite en una sartén y fría la cebolla hasta que se dore. Baje el fuego y añada el jengibre, el ajo, la sal, la guindilla en polvo, y la cúrcuma. Saltee la mezcla 5 minutos, y luego añada 2 guindillas.

3 Incorpore la carne a la sartén y rehogue otros 7 minutos.

4 Agregue el agua, tape la sartén y déjelo cocer a fuego lento 35-45 minutos, removiendo de vez en cuando.

5 Mientras tanto, corte la otra cebolla en rodajas. Caliente el resto de aceite en una sartén y fríala hasta que esté dorada. Resérvela.

6 Cuando la carne esté tierna añada el *amchur* (mango seco molido) el resto de la guindilla verde y las hojas de cilantro, y saltee unos 3-5 minutos.

7 Pase el curry a una fuente de servir, y coloque las rodajas de cebolla frita con su aceite en el centro. Sirva el plato caliente, acompañado con arroz.

Cordero guisado

Para 6 personas

INGREDIENTES

1 pierna de cordero de 2,5 kg
2 cucharaditas de jengibre
 fresco, finamente picado
2 cucharaditas de ajo chafado
2 cucharaditas de *garam masala*
1 cucharadita de sal
4 granos de pimienta negra

2 cucharaditas de semillas de
 comino negro
3 clavos
1 cucharadita de guindilla en
 polvo
3 cucharadas de zumo de limón
300 ml de aceite

1 cebolla grande, pelada
unos 2 litros de agua
hojas de ensalada fresca,
 cilantro y gajos de limón,
 para servir

1 Retire la grasa de la
carne con un cuchillo
afilado. Pinche la superficie
de la carne con un tenedor.

2 En un cuenco mezcle
bien el jengibre con el
ajo, la *garam masala*, la sal,
las semillas de comino, la
pimienta, el clavo y la
guindilla en polvo. Agregue
el zumo de limón y mezcle
bien los ingredientes. Unte
la carne con la mezcla de
especias, procurando que
quede bien recubierta.
Resérvela.

3 Caliente el aceite en
una sartén o cazuela.
Ponga la carne en ella y
coloque la cebolla a un lado.

4 Añada agua para cubrir
la carne y déjala cocer
a fuego lento 2¹⁄₂-3 horas,
dándole la vuelta de vez en
cuando. (Si al evaporarse el
agua la carne todavía no está
lo suficientemente tierna,
añada un poco más). Una
vez evaporada toda el agua,
déle la vuelta a la carne para
que se dore por ambos
lados.

5 Retire el cordero de la
sartén y páselo a una
fuente de servir. Puede
cortar la carne en lonchas
o servirla entera y cortarla
en la mesa. Este plato se
puede servir caliente o frío.

SUGERENCIA

*En la India estos guisos se
preparan en el degchi,
que se coloca sobre cenizas
calientes y su tapa contiene
brasas de carbón.*

Carne de cordero picada al grill

Para 4 personas

INGREDIENTES

5 cucharadas de aceite
2 cebollas cortadas en rodajas
450 g de carne de cordero
    picada
2 cucharadas de yogur
1 cucharadita de guindilla en
    polvo

1 cucharadita de jengibre
    fresco, finamente picado
1 cucharadita de ajo chafado
1 cucharadita de sal
1¹/₂ cucharadita de *garam
    masala*
2 guindillas verdes frescas

¹/₂ cucharadita de pimienta de
    Jamaica
hojas de cilantro fresco
ensalada verde, para servir
hojas de cilantro fresco
    picadas y 1 limón cortado
    en gajos, para adornar

1 Caliente el aceite en una cazuela y fría la cebolla hasta que esté dorada.

2 Disponga la carne picada en un cuenco grande. Añada el yogur, la guindilla en polvo, el ajo, el jengibre, la sal, la *garam masala* y la pimienta de Jamaica, y mezcle bien los ingredientes.

3 Añada la carne con las especias a la cebolla y rehogue 10-15 minutos.

Retire la mezcla del fuego y resérvela.

4 Mientras tanto, pique las guindillas verdes y la mitad del cilantro en una picadora. También puede hacerlo con un cuchillo afilado. Reserve hasta que lo necesite.

5 Triture la mezcla de carne picada en una picadora. También puede ponerla en un cuenco grande y triturarla con un tenedor. A continuación,

mezcle la carne con las guindillas y el cilantro.

6 Pase la mezcla a una fuente refractaria llana. Ásela bajo el grill precalentado a temperatura media unos 10-15 minutos, removiendo la mezcla con un tenedor. No deje de vigilarla, para que no se queme.

7 Adorne la carne con las hojas de cilantro y los gajos de limón, y sírvala con ensalada verde.

Carne picada con guisantes

Para 4 personas

INGREDIENTES

6 cucharadas de aceite
1 cebolla mediana, cortada
    en rodajas
3 guindillas verdes
hojas de cilantro fresco

2 tomates picados
1 cucharadita de sal
1 cucharadita de jengibre
    fresco, picado fino
1 cucharadita de ajo chafado

1 cucharadita de guindilla en
    polvo
450 g de carne magra de
    cordero, picada
100 g de guisantes

1 Caliente el aceite en
una cazuela mediana
y fría las rodajas de cebolla
hasta que estén doradas,
removiendo de vez en
cuando.

2 Añada 2 guindillas
verdes, la mitad del
cilantro y el tomate picado
a la cazuela, y cuézalo a
fuego lento.

3 Agregue la sal, el ajo, el
jengibre y la guindilla
en polvo, y remuévalo todo
bien hasta que hayan
quedado bien mezclados
los ingredientes.

4 Incorpore la carne
picada a la cazuela y
saltéela 7-10 minutos, hasta
que empiece a dorarse.

5 Añada los guisantes
y déjelos cocer otros
3-4 minutos, removiendo
ocasionalmente.

6 Pase la mezcla de carne
y guisantes a platos de
servir calientes y adórnelo
con el resto de la guindilla
verde picada y las hojas de
cilantro.

SUGERENCIA

*El sabor del ajo variará
según su preparación: si
añadimos un diente de ajo
entero a un plato, éste cogerá
su sabor pero no su
intensidad; un diente
partido por la mitad
aportará un toque picante;
finamente picado liberará
casi todo su sabor;
y chafado aportará todo
su aroma al plato.*

Curry de cordero en salsa espesa

Para 6 personas

INGREDIENTES

1 kg de carne magra de cordero, con o sin hueso
7 cucharadas de yogur
75 g de almendras
2 cucharaditas de *garam masala*
2 cucharaditas de ajo chafado

2 cucharaditas de jengibre fresco, finamente picado
1½ cucharada de sal y 1½ de guindilla en polvo
300 ml de aceite
3 cebollas finamente picadas
4 vainas de cardamomo verdes

3 guindillas verdes picadas
2 cucharadas de zumo de limón
1 lata de 400 g de tomate
300 ml de agua
hojas de cilantro fresco picadas y 2 hojas de laurel

1 Con un cuchillo afilado, corte la carne en trozos pequeños y regulares.

2 En un cuenco grande, mezcle el yogur con las almendras, la *garam masala*, el ajo, la guindilla en polvo, el jengibre y la sal. Remueva para mezclar bien los ingredientes.

3 Caliente el aceite en una cazuela grande y fría en él la cebolla con el cardamomo y las hojas de laurel hasta que se haya dorado, sin dejar de remover.

4 Incorpore la carne y el yogur a la cazuela y cuézalo unos 3-5 minutos.

5 Añada 2 guindillas verdes picadas, el zumo de limón y el tomate y saltee 5 minutos más.

6 Vierta el agua en la cazuela, tápela y déjela a fuego lento durante unos 35-40 minutos.

7 Añada el resto de la guindilla verde y el cilantro, y remuévalo todo hasta que la salsa se haya espesado. (Retire la tapa y suba la temperatura si la salsa estuviera demasiado líquida).

8 Pase el curry a platos de servir calentados y sírvalo caliente.

Patatas guisadas con carne y yogur

Para 6 personas

INGREDIENTES

300 ml de aceite
3 cebollas medianas, cortadas
  en rodajas
1 kg de pierna de cordero, con
  o sin hueso, cortada en
  dados
2 cucharaditas de *garam
  masala*
1½ cucharadita de ajo chafado

1½ cucharadita de jengibre
  fresco, finamente picado
1 cucharadita de guindilla en
  polvo
3 granos de pimienta negra
3 vainas de cardamomo verdes
1 cucharadita de semillas de
  comino negro
2 ramas de canela

1 cucharadita de pimentón
1½ cucharadita de sal
150 ml de yogur natural
600 ml de agua
3 patatas medianas
hojas de cilantro fresco
  y 2 guindillas verdes
  picadas, para decorar

1 Caliente el aceite en una cazuela y fría la cebolla hasta que esté dorada. Retírela de la cazuela y resérvela.

2 Incorpore la carne a la cazuela, añadiéndole 1 cucharadita de *garam masala*. Saltéela durante 5-7 minutos a fuego suave.

3 Añádale la cebolla y después retire la cazuela del fuego.

4 Mientras tanto, mezcle en un bol el jengibre con el ajo, la guindilla en polvo, la pimienta, la canela, el cardamomo, el comino, el pimentón y la sal. Añada el yogur y mézclelo todo bien.

5 Vuelva a colocar la cazuela en el fuego, añada gradualmente la mezcla de especias con yogur a la carne con cebolla, y rehóguelo 7-10 minutos.

Agregue el agua, baje la temperatura y déjelo cocer, tapado, unos 40 minutos, removiendo de vez en cuando.

6 Pele las patatas y córtelas en 6 trozos. Añádalas a la cazuela, tápela y déjelo cocer 15 minutos más, removiendo de vez en cuando. Adorne el curry con las guindillas y el cilantro fresco y sírvalo inmediatamente.

Cordero con espinacas

Para 2–4 personas

INGREDIENTES

300 ml de aceite

2 cebollas medianas, cortadas en rodajas

1/4 de manojo de cilantro fresco

2 guindillas verdes picadas

1½ cucharadita de jengibre fresco, finamente picado

1 cucharadita de guindilla en polvo

1½ cucharadita de ajo chafado

½ cucharadita de cúrcuma

450 g de carne magra de cordero, con o sin hueso

1 kg de espinacas frescas, con el tallo recortado, lavadas y picadas, o bien 1 lata de 425 g de espinacas

1 cucharadita de sal

700 ml de agua

PARA DECORAR:

guindillas frescas rojas, picadas bien finas

1 Caliente el aceite en una cazuela y fría la cebolla hasta que adquiera un poco de color.

2 Añada el cilantro fresco y 2 guindillas verdes, y saltéelo 3-5 minutos.

3 Baje la temperatura y añada el jengibre, el ajo, la guindilla en polvo y la cúrcuma, removiendo para que los ingredientes queden bien mezclados.

4 Incorpore la carne a la cazuela y saltéelo otros 5 minutos. Añada la sal y las espinacas frescas o de lata, removiendo de vez en cuando con una cuchara de madera, y cuézalo unos 3-5 minutos más.

5 Agregue el agua, removiendo, y deje cocer a fuego lento, con la cazuela tapada, durante 45 minutos. Retire la tapa y compruebe la carne. Si

aún no está tierna, déle la vuelta, suba la temperatura y déjela destapada hasta que se haya absorbido el exceso de líquido. Rehóguela 5-7 minutos más.

6 Pase la carne con espinacas a una fuente de servir y adórnela con las guindillas rojas picadas bien finas. Sirva el plato caliente.

Chuletas de cordero con especias

Para 4-6 personas

INGREDIENTES

1 kg de chuletas de cordero
2 cucharaditas de jengibre
   fresco, finamente picado
2 cucharaditas de ajo chafado
1 cucharadita de pimienta
1 cucharadita de *garam masala*

1 cucharadita de semillas de
   comino negro
1½ cucharadita de sal
850 ml de agua
2 huevos medianos
300 ml de aceite

PARA DECORAR:
patatas fritas
tomates
gajos de limón
ramitas de cilantro fresco

1 Con un cuchillo bien afilado retire el exceso de grasa que puedan tener las chuletas.

2 Mezcle el jengibre con el ajo, la pimienta, la *garam masala*, las semillas de comino y la sal, y frote las chuletas con esta pasta.

3 Lleve a ebullición el agua, añada las chuletas y déjelas cocer durante 45 minutos, removiendo de vez en cuando. Una vez evaporada el agua, retire la sartén o cazuela del fuego.

4 Con un tenedor, bata los huevos en un bol.

5 Caliente el aceite en una cazuela grande.

6 Reboce las chuletas con el huevo y fríalas en la cazuela 3 minutos por cada lado.

7 Pase las chuletas a una fuente de servir, y adórnelas con las patatas fritas, el tomate, los gajos de limón y las ramitas de cilantro. Sirva el plato caliente.

SUGERENCIA

La garam masala *es una mezcla de especias molidas. La más común lleva cardamomo, canela, clavo, comino, nuez moscada y pimienta negra en grano. La mayoría de los cocineros indios tienen su propia receta, que suele pasar de padres a hijos. Se puede adquirir ya preparada en algunos supermercados o en tiendas de alimentación asiática.*

Tomates rellenos

Para 4–6 personas

INGREDIENTES

6 tomates grandes y de
   consistencia firme
50 g de mantequilla sin sal
5 cucharadas de aceite
1 cebolla mediana, finamente
   picada

1 cucharadita de jengibre
   fresco, finamente picado
1 cucharadita de ajo chafado
1 cucharadita de pimienta negra
1 cucharadita de sal
½ cucharadita de *garam masala*

450 g de carne de cordero
   picada
1 guindilla verde
hojas de cilantro fresco
ensalada verde y gajos de
   limón, para servir

1 Precaliente el horno a
180 °C. Lave los
tomates, rebane la parte
superior y con una cuchara
retire la pulpa.

2 Engrase una fuente
refractaria con 50 g de
mantequilla. Ponga los
tomates en la fuente.

3 Caliente el aceite y fría
la cebolla hasta que
esté dorada.

4 Reduzca la temperatura
y añada el jengibre, el
ajo, la pimienta, la sal y la
garam masala. Saltee la
mezcla unos 3-5 minutos.

5 Incorpore la carne
picada a la cazuela y
rehóguela 10-15 minutos.

6 Añada la guindilla
verde y las hojas de
cilantro y siga rehogando
unos 3-5 minutos.

7 Con una cuchara,
rellene los tomates con
la mezcla de carne y vuelva
a poner encima la parte
rebanada. Ase los tomates
en el horno 15-20 minutos.

8 Pase los tomates a
platos individuales y
sírvalos calientes.

VARIACIÓN

*Utilice la misma receta
para rellenar pimientos
rojos o verdes.*

Brochetas de cordero

Para 6-8 personas

INGREDIENTES

1 kg de carne magra de
   cordero, deshuesada y
   cortada en dados
1 cucharadita de ablandador
   de carne
1½ cucharadita de jengibre
   fresco, finamente picado

1½ cucharadita de ajo chafado
1 cucharadita de guindilla en
   polvo
½ cucharadita de cúrcuma
½ cucharadita de sal
2 cucharadas de agua
8 tomates partidos por la mitad

8 cebollitas
10 champiñones
1 pimiento verde y 1 rojo,
   cortados en trozos grandes
2 cucharadas de aceite
2 limones cortados en cuartos,
   para decorar

1 Lave los dados de carne y colóquelos en una fuente limpia. Unte la carne con el ablandador, y déjela reposar durante unas 3 horas a temperatura ambiente.

2 Mezcle el jengibre con el ajo, la guindilla en polvo, la cúrcuma y la sal en un cuenco. Agregue el agua y remueva para formar una pasta con las especias. Incorpore la carne y recúbrala bien con la pasta.

3 Vaya ensartando los dados de carne en brochetas. Alterne con los tomates, las cebolletas, los champiñones y los trozos de pimiento. Unte la carne y las verduras con el aceite.

4 Ase las brochetas bajo el grill precalentado unos 25-30 minutos, o hasta que la carne esté hecha. Cuando esté a punto, saque las brochetas del grill y colóquelas en una fuente de servir, adorne con los gajos de limón y sírvalas

inmediatamente con arroz hervido y una *raita* (véase pág. 216).

SUGERENCIA

Si utiliza brochetas de madera, déjelas en remojo en agua fría 20 minutos antes de usarlas, para evitar que se quemen durante la cocción.

Coliflor con carne

Para 4 personas

INGREDIENTES

1 coliflor mediana
2 guindillas verdes
300 ml de aceite
2 cebollas cortadas en rodajas
450 g de carne de cordero, cortada en dados
1½ cucharadita de ajo chafado

1½ cucharadita de jengibre fresco, picado fino
1 cucharadita de guindilla en polvo
hojas de cilantro fresco picadas
850 ml de agua
1 cucharada de zumo de limón

1 cucharadita de sal
BAGHAAR:
150 ml de aceite
4 guindillas rojas secas
1 cucharadita de mezcla de semillas de mostaza y *kalonji (nigella)*

1 Con un cuchillo corte la coliflor en ramitos pequeños. Pique bien finas las guindillas verdes.

2 Caliente el aceite en una sartén y fría la cebolla hasta que se dore.

3 Baje la temperatura, incorpore la carne y remueva.

4 Añada el jengibre, el ajo, la guindilla en polvo y la sal. Saltee unos 5 minutos, removiendo

para mezclar bien todos los ingredientes.

5 Agregue 1 guindilla verde y la mitad del cilantro.

6 Añada el agua, tape la cazuela y cueza a fuego lento unos 30 minutos.

7 Incorpore la coliflor y cuézala 15-20 minutos, o hasta que el agua se haya evaporado. Saltee 5 minutos más. Retírelo del fuego y rocíe con el zumo de limón.

8 Para preparar el *baghaar*, caliente el aceite en un cazo aparte, y fría las guindillas rojas secas y la mezcla de semillas de mostaza y *kalonji* hasta que tomen un color más oscuro, removiendo de vez en cuando. Retire el cazo del fuego y vierta la mezcla sobre la coliflor cocida.

9 Adorne el plato con el resto de la guindilla verde y el cilantro, y sírvalo inmediatamente.

Cordero con lentejas

Para 6 personas

INGREDIENTES

100 g de *chana dahl*
100 g de *masur dahl*
100 g de *mung dahl*
100 g de *urid dahl*
75 de copos de avena

KORMA:
1,5 kg de carne de cordero con
hueso, cortada en dados
200 ml de yogur
2 cucharaditas de jengibre
fresco, finamente picado
2 cucharaditas de ajo chafado
1 cucharada de *garam masala*

2 cucharaditas de guindilla en
polvo
½ cucharadita de cúrcuma
3 vainas de cardamomo verdes
enteras
2 ramitas de canela
1 cucharadita de semillas de
comino negro
2 cucharaditas de sal
450 ml de aceite
5 cebollas medianas en rodajas
700 ml de agua
2 guindillas verdes picadas
hojas de cilantro fresco

PARA DECORAR:
½ manojo de hojas de cilantro,
picado
6 guindillas verdes, picadas
jengibre fresco, cortado
en tiritas
3 limones cortados en gajos

1 Deje toda la noche en remojo las lentejas y los copos de avena. Hiérvalo en una cacerola con agua hasta que se ablanden, después haga un puré y resérvelo.

2 Mezcle la carne con el yogur, las especias y la sal.

3 Caliente en una cazuela 300 ml de aceite y fría 4 cebollas. Añada la carne y saltéela 7-10 minutos. Agregue el agua, reduzca el fuego y cuézala 1 hora sin destapar la cazuela.

4 Incorpore el puré de lentejas a la carne. Si está demasiado espeso, añada 300 ml de agua y deje cocer 10-12 minutos. Añada las guindillas y el cilantro. Pase a una fuente.

5 Fría la cebolla restante y deposítela sobre la carne y las lentejas. Adorne el plato y sírvalo.

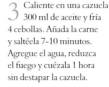

Albóndigas con salsa

Para 4 personas

INGREDIENTES

450 g de carne de cordero
picada
1 cucharadita de jengibre
majado
1 cucharadita de ajo chafado
1 cucharadita de *garam masala*
1½ cucharadita de semillas de
amapola
1 cucharadita de sal
½ cucharadita de guindilla en
polvo
1 guindilla verde picada

1 cebolla mediana picada
hojas de cilantro fresco
1 cucharada de harina de
garbanzo
150 ml de aceite

SALSA:
2 cucharadas de aceite
3 cebollas medianas, finamente
picadas
2 vainas de cardamomo negras
grandes

2 ramitas de canela pequeñas
1 cucharadita de jengibre
fresco, finamente picado
1 cucharadita de ajo chafado
1 cucharadita de sal
75 ml de yogur natural
150 ml de agua
gajos de limón, para servir

PARA DECORAR:
hojas de cilantro fresco, picadas
1 guindilla verde, picada

1 Ponga la carne en un
cuenco. Añada el ajo,
el jengibre, la *garam masala*,
las semillas de amapola, la
sal, la cebolla, la guindilla
verde, la guindilla en polvo,
el cilantro y la harina de
garbanzo, y mézclelo todo
bien con un tenedor.

2 Prepare pequeñas
albóndigas y resérvelas.

3 Para preparar la salsa,
caliente el aceite y fría
la cebolla hasta que esté
dorada. Añada las ramas
de canela y el cardamomo
a la sartén, baje el fuego y
remuévalo todo durante
5 minutos. Agregue el
jengibre, el ajo, la sal, el
yogur y el agua, y remueva
hasta que queden bien
mezclados los ingredientes.

4 Pase a un cuenco de
servir y adorne la salsa
con el cilantro picado.

5 Caliente el aceite y fría
las albóndigas unos
8-10 minutos.

6 Sirva las albóndigas en
platos calientes con la
salsa y unas *chapatis* (véase
pág. 180).

Shik-kebabs

Para 10-12 brochetas

INGREDIENTES

2 cucharaditas de ablandador
450 g de carne de cordero
   picada
hojas de cilantro fresco
1 cebolla mediana picada
2 guindillas verdes picadas
2 cucharadas de yogur

1 cucharadita de jengibre
   fresco, finamente picado
1 cucharadita de ajo chafado
1 cucharadita de comino y 1
   de cilantro molidos
½ cucharadita de sal
1 cucharadita de *garam masala*

1 cucharadita de guindilla
   en polvo
½ cucharadita de pimienta
   de Jamaica
guindilla en polvo y cilantro
   fresco, para adornar
gajos de limón, para servir

1 Mezcle bien la carne con el ablandador, con las manos. Déjela reposar como mínimo 3 horas.

2 Mientras tanto, pique el cilantro bien fino. Mezcle la cebolla con las guindillas verdes y el cilantro en un cuenco.

3 En otro cuenco aparte, mezcle el yogur con el jengibre, el ajo, el comino en polvo, la sal, el cilantro molido, la guindilla en polvo, la pimienta de

Jamaica y la *garam masala*. A continuación, mezcle esta pasta con la de cebolla.

4 Incorpore la mezcla de especias a la carne picada, y trabájela con las manos. Divida la mezcla en 10-12 partes iguales y enrolle cada una de ellas alrededor de las brochetas, presionando ligeramente con los dedos.

5 Ase las brochetas bajo el grill a temperatura media, untadas con aceite.

6 Adórnelas con la guindilla en polvo y el cilantro y acompáñelas con unos gajos de limón y una *raita* (véase pág. 216).

VARIACIÓN

Estas brochetas (kebabs) quedan deliciosas preparadas en la barbacoa. Sírvalas en pitas para una celebración, o acompañadas de ensalada.

Curry de cordero

Para 4 personas

INGREDIENTES

2 cucharaditas de comino

2 cucharaditas de cilantro molido

2 cucharaditas de coco rallado

1 cucharadita de mezcla de semillas de mostaza y *kalonji (nigella)*

2 cucharaditas de sésamo

1 cucharadita de jengibre fresco, finamente picado

1 cucharadita de ajo chafado

1 cucharadita de guindilla en polvo

1 cucharadita de sal

450 g de carne magra de cordero, cortada en dados

450 ml de aceite

3 cebollas medianas en rodajas

850 ml de agua

2 cucharadas de zumo de limón

4 guindillas verdes, abiertas

1 En una sartén sin aceite tueste el comino y el cilantro molidos, con el coco rallado, la mezcla de semillas de mostaza y de *kalonji* y las de sésamo, agitando la sartén para evitar que las especias se quemen. A continuación tritúrelas en un mortero.

2 En un cuenco grande mezcle las especias tostadas y trituradas con el jengibre, el ajo, la guindilla en polvo, la sal y los dados de carne, y reserve.

3 En una cazuela o en una sartén, caliente 300 ml de aceite y fría la cebolla hasta que esté dorada.

4 Incorpore la mezcla de carne y especias a la cebolla y saltéelo durante 5-7 minutos a fuego suave. Agregue el agua y déjelo cocer a fuego lento unos 45 minutos, removiendo ocasionalmente. Cuando la carne esté cocida, retírela de la cazuela y rocíela con zumo de limón.

5 Caliente el resto del aceite en otra cazuela, y añada las guindillas verdes. Baje la temperatura y tápelo. Pasados unos 30 segundos, retire la cazuela del fuego y manténgala aparte para que se enfríe.

6 Vierta el aceite y las guindillas por encima del curry de carne y sirva el plato caliente, acompañado de *dahl* con cebolla (véase pág. 142) y arroz blanco.

Huevos rebozados con carne

Para 6 personas

INGREDIENTES

450 g de carne magra de
    cordero picada
1 cebolla pequeña picada
1 guindilla verde picada
1 cucharadita de ajo chafado

1 cucharadita de jengibre
    fresco, finamente picado
1 cucharadita de cilantro molido
1 cucharadita de *garam masala*
1 cucharadita de sal

1½ cucharadita de harina de
    garbanzo
7 huevos, 6 de ellos duros y sin
    la cáscara, el otro batido
aceite para freir

1 Disponga la carne, la cebolla y la guindilla verde en un cuenco y mézclelas bien. Vierta la mezcla en una picadora y píquela bien fina. (Si lo desea, también puede hacerlo manualmente en un mortero).

2 Retire la mezcla de la picadora y colóquela en un cuenco. Añada el ajo, el jengibre, el cilantro molido, la *garam masala*, la sal, la harina de garbanzo y el huevo batido. Mezcle bien todos los ingredientes, ayudándose con las manos.

3 Divida la mezcla en 6 partes iguales. Extienda cada porción para formar un círculo plano, de unos 5 mm de grosor. Coloque un huevo duro en medio de cada círculo y envuelva el huevo con la mezcla de carne. Cuando haya recubierto los 6 huevos, déjelos reposar en un lugar fresco durante 20-30 minutos.

4 Mientras tanto, caliente el aceite en un *karahi* o sartén honda. Deje caer con suavidad los huevos rebozados en el aceite y

fríalos 2-4 minutos o hasta que estén dorados. Retírelos con una espumadera y déjelos escurrir sobre papel absorbente. Sírvalos calientes.

VARIACIÓN

Si desea servir estos huevos rebozados con una salsa, utilice la de la receta de Albóndigas con salsa de la pág. 36.

Curry de pollo y champiñones

Para 4 personas

INGREDIENTES

4-6 pechugas de pollo
3 cucharadas de aceite vegetal
2 cebollas cortadas en rodajas
2 dientes de ajo chafados
1 trozo de jengibre de 2,5 cm, finamente picado
2 guindillas verdes frescas, sin semillas y picadas, o bien 1-2 cucharaditas de guindilla triturada (de tarro)
3 tomates picados

1½ cucharada de pasta de curry (picante moderado)
1 cucharadita de cilantro molido
175-250 g de champiñones cortados en láminas gruesas
850 ml de caldo
½-1 cucharadita de sal
60 g de coco cremoso, picado
2 cucharadas de almendras molidas

ADEREZO:
2 cucharadas de aceite vegetal
1 pimiento verde o rojo, sin semillas y cortado en tiras finas
6 cebolletas, con las puntas recortadas y cortadas en rodajas
1 cucharadita de semillas de comino

1 Corte el pollo en trozos pequeños. Caliente el aceite en una cazuela, y fríalo hasta que la carne esté sellada, removiendo con frecuencia. Retire el pollo de la cazuela.

2 Añada la cebolla, el ajo, el jengibre, la pasta de curry, la guindilla y el cilantro molido, y déjelo cocer a fuego suave unos 2 minutos. Incorpore los champiñones, el caldo y el tomate, y sazone con sal.

3 Reincorpore el pollo a la cazuela, tápela y cuézalo a fuego muy lento 1¼-1½ horas, o hasta que esté tierno.

4 Agregue el coco y la almendra a la cazuela, tápela y cueza 3 minutos.

5 Mientras tanto, prepare el aderezo. Caliente el aceite en una sartén y fría las tiras de pimiento y la cebolleta a fuego suave, hasta que estén tiernas y tengan un color brillante. Añada el comino y fríalo durante 30 segundos. Esparza algunas cucharadas de aderezo por encima del curry, y sirva el plato.

Kebabs de buey

Para 10-12 kebabs

INGREDIENTES

3 cucharadas de *chana dahl*
450 g de carne magra de buey, deshuesada y cortada en dados
1 cucharadita de jengibre fresco, finamente picado
1 cucharadita de ajo chafado
1½ cucharadita de sal

1 cucharadita de guindilla en polvo
1½ cucharadita de *garam masala*
3 guindillas verdes
hojas de cilantro fresco
1 cebolla mediana picada
300 ml de aceite

850 ml de agua
2 cucharadas de yogur natural
1 huevo mediano

PARA DECORAR:
aros de cebolla
gajos de limón

1 Lave dos veces el *chana dahl*, para retirar las piedras o cualquier otra impureza. Hiérvalo en una cazuela con agua hasta que ésta se haya evaporado y las lentejas estén tiernas. Páselas por la picadora para formar una pasta.

2 Mezcle la carne con el jengibre, el ajo, la guindilla en polvo, la sal y el *garam masala*. Añada 2 guindillas verdes, la mitad del cilantro y la cebolla.

3 En una cazuela, caliente 2 cucharadas de aceite. Añádale la mezcla de carne y el agua, tápela y deje cocer a fuego suave durante unos 45-60 minutos. Una vez la carne esté tierna, deje que se evapore el exceso de agua retirando la tapa y dejándola cocer 10-15 minutos más. Triture la carne en la picadora.

4 Ponga en un cuenco el yogur, el huevo, la pasta de *chana dahl*, el resto de la guindilla y el cilantro y mezcle los ingredientes con las manos. Retire del cuenco bolitas de pasta y presiónelas entre las palmas de las manos para formar unos 12 círculos.

5 Caliente el resto de aceite en una sartén y fría los pastelitos de carne, en tandas de 3, dándoles la vuelta una vez.

6 Adórnelos y sírvalos inmediatamente.

Lonchas de buey con yogur y especias

Para 4 personas

INGREDIENTES

450 g de lonchas magras de
buey, en tiras de 2,5 cm
5 cucharadas de yogur
1 cucharadita de jengibre
fresco, finamente picado
1 cucharadita de ajo chafado
1 cucharadita de guindilla en
polvo
una pizca de cúrcuma

2 cucharaditas de *garam masala*
1 cucharadita de sal
2 vainas de cardamomo
1 cucharadita de semillas de
comino negro
50 g de almendras molidas
1 cucharada de coco rallado
1 cucharada de semillas de
amapola

1 cucharada de semillas de
sésamo
300 ml de aceite
2 cebollas medianas, picadas
300 ml de agua
unas cuantas hojas de cilantro
fresco, picadas, y tiras de
guindilla roja, para adornar

1 Mezcle la carne en un cuenco grande con el yogur, el jengibre, el ajo, la guindilla en polvo, la *garam masala,* la cúrcuma, la sal, el cardamomo y las semillas de comino negro, y reserve la mezcla hasta que la vaya a necesitar.

2 Tueste en una sartén sin aceite el coco rallado, las semillas de amapola y de sésamo y la almendra molida, agitándola con frecuencia para evitar que se quemen los ingredientes.

3 Triture bien las especias en una picadora. Vuelva a incorporarlas a la sartén, y deslíalas en 1 cucharada de agua. Añada esta pasta a la carne y mezcle bien todos los ingredientes.

4 Caliente un poco de aceite en una cazuela grande y fría la cebolla hasta que esté dorada. Retire la cebolla. Saltee la carne con el resto del aceite, unos 5 minutos, añada de nuevo la cebolla a la cazuela y siga salteando 5-7 minutos más. Agregue el agua y cuézalo a fuego suave y tapado, unos 25-30 minutos. Remueva de vez en cuando. Adorne el plato con las hojas de cilantro y las tiras de guindilla roja, y sírvalo caliente.

Korma de buey con almendras

Para 6 personas
INGREDIENTES

300 ml de aceite
3 cebollas medianas, picadas
1 kg de carne magra de buey,
  cortada en dados
1½ cucharadita de *garam
  masala*
1½ cucharadita de cilantro
  molido

1½ cucharadita de jengibre
  fresco, finamente picado
1½ cucharadita de ajo chafado
1 cucharadita de sal
150 ml de yogur natural
3 vainas de cardamomo verdes
2 clavos
4 granos de pimienta negra

600 ml de agua

PARA DECORAR:
6 almendras, remojadas,
  peladas y picadas
2 guindillas verdes picadas
unas cuantas hojas de cilantro
  fresco

1 Caliente el aceite en una cazuela y fría la cebolla hasta que se haya dorado.

2 Añada la carne a la cebolla y saltéela unos 5 minutos. Retire la cazuela del fuego.

3 Mezcle la *garam masala* con el cilantro molido, el jengibre, el ajo, la sal y el yogur en un bol. Poco a poco, vaya incorporando la carne a la mezcla de yogur y especias, procurando que quede bien recubierta. Colóquela en la cazuela, vuelva a ponerla al fuego y saltee 5-7 minutos, o hasta que haya adquirido un color dorado.

4 Añada el clavo, los granos de pimienta y el cardamomo. Agregue el agua, baje la temperatura, tape la cazuela y déjela a fuego lento 45-60 minutos. Si se hubiera evaporado el agua y la carne todavía no estuviera tierna, añada 300 ml más y déjela cocer unos 10-15 minutos más, removiendo de vez en cuando.

5 Justo antes de servir el plato, adórnelo con la almendra picada, las hojas de cilantro y las guindillas. Sírvalo acompañado con *chapatis* (véase pág. 180).

Buey guisado con especias

Para 4 personas

INGREDIENTES

300 ml de aceite

3 cebollas medianas finamente picadas

1 trozo de 2,5 cm de jengibre, cortado en tiras finas

4 dientes de ajo, cortados en láminas finas

2 ramas de canela

3 vainas de cardamomo verdes

3 clavos

4 granos de pimienta negra

6 guindillas rojas secas, picadas

150 ml de yogur

450 g de carne de buey, con o sin hueso, cortada en dados

3 guindillas verdes picadas

600 ml de agua

hojas de cilantro fresco

1 Caliente el aceite en una sartén y rehogue la cebolla, removiendo, hasta que esté dorada.

2 Baje la temperatura y añada el jengibre, el ajo, la canela, el cardamomo verde, los clavos, los granos de pimienta y las guindillas rojas, y saltee 5 minutos.

3 En un cuenco bata el yogur con un tenedor. Agréguelo a la sartén y remueva para mezclar los ingredientes.

4 Incorpore la carne y 2 guindillas verdes a la sartén, y saltee la mezcla unos 5-7 minutos.

5 Poco a poco vaya añadiendo el agua, sin dejar de remover. Tape la sartén y deje cocer la carne y las especias, removiendo de vez en cuando, durante 1 hora, añadiendo más agua si fuera necesario.

6 Cuando la carne esté totalmente cocida, retire la sartén del fuego y viértalo todo en una fuente de servir. Sirva el plato inmediatamente, adornado con el resto de la guindilla verde y las hojas de cilantro.

VARIACIÓN

Puede sustituir la carne de buey por cordero.

Riñones fritos

Para 4 personas

INGREDIENTES

450 g de riñones de cordero
2 cucharaditas de cúrcuma
2½ cucharaditas de sal
150 ml de agua
1 pimiento verde en tiras

1 cucharadita de jengibre
   fresco, finamente picado
1 cucharadita de ajo chafado
1 cucharadita de guindilla en
   polvo

3 cucharadas de aceite
1 cebolla pequeña, finamente
   picada
hojas de cilantro, para adornar

1 Con un cuchillo afilado extraiga la fina piel que rodea los riñones. Corte cada uno de ellos en 4-6 trozos.

2 Disponga los riñones troceados, la cúrcuma y 2 cucharaditas de sal en un cuenco. Añada el agua, y remueva con una cuchara para mezclarlo todo. Deje macerar los ingredientes durante 1 hora. Escurra bien los riñones y deseche el líquido del adobo. Lávelos bajo el chorro de agua fría, hasta que ésta salga totalmente clara.

3 Ponga los riñones y el pimiento en un cazo, cúbralos con agua y cueza a fuego moderado, tapando parcialmente el cazo para que pueda escapar el vapor, hasta que el agua se haya evaporado.

4 Añada el jengibre, el ajo, la guindilla en polvo y el resto de la sal, y remueva bien para que los ingredientes se mezclen.

5 Por último añada el aceite, la cebolla y el cilantro, y saltéelo unos 7-10 minutos.

6 Pase los riñones a una fuente de servir, adórnelos y sírvalos calientes.

SUGERENCIA

Mucha gente se resiste a la idea de cocinar o comer riñones por su fuerte olor, incluso una vez guisados. No obstante, si los lava y los deja en remojo con agua, puede evitar gran parte del problema.

Pollo tikka

Para 6 personas

INGREDIENTES

1 cucharadita de jengibre
fresco, finamente picado
1 cucharadita de ajo chafado
½ cucharadita de cilantro
molido
½ cucharadita de comino molido
3 cucharadas de yogur

1 cucharadita de guindilla en
polvo
1 cucharadita de sal
2 cucharadas de zumo de limón
unas gotas de colorante
alimentario rojo (opcional)
1 cucharada de pasta de tomate

1,5 kg de pechuga de pollo
1 cebolla cortada en rodajas
3 cucharadas de aceite

PARA DECORAR:
6 hojas de lechuga
1 limón cortado en gajos

1 En un cuenco grande
mezcle el jengibre, el
ajo, el cilantro, el comino
y la guindilla en polvo.

2 Añada el yogur, la sal,
el zumo de limón, el
colorante (si lo utiliza) y la
pasta de tomate a la mezcla
de especias.

3 Con un cuchillo
afilado corte el pollo
en trozos. Incorpórelos
a la mezcla de especias
y cúbralos bien. Déjelos
macerar unas 3 horas o,

preferiblemente, toda la
noche en la nevera.

4 Coloque la cebolla
sobre la base de un
recipiente para el horno.
Con cuidado, riegue la
cebolla con la mitad del
aceite.

5 Disponga el pollo
sobre la cebolla y áselo
bajo el grill precalentado
durante 25-30 minutos,
dándole una vez la vuelta,
y untándolo con el resto
del aceite.

6 Sirva el pollo *tikka*
sobre un lecho de
hojas de lechuga, adornado
con los gajos de limón.

SUGERENCIA

*También puede servir el
pollo* tikka *con naans
(véase pág. 178), raita
(página 216) o chutney de
mango (página 218), o bien
como primer plato.*

Pollo rebozado con pimienta negra

Para 4-6 personas

INGREDIENTES

8 muslos de pollo
1 cucharadita de jengibre
   fresco, finamente picado
1 cucharadita de ajo chafado
1 cucharadita de sal
1½ cucharadita de pimienta
1 pimiento verde, cortado en
   tiras

150 ml de aceite
150 ml de agua
2 cucharadas de zumo de
   limón

MAÍZ Y GUISANTES FRITOS:
50 g de mantequilla sin sal
200 g de maíz dulce congelado

200 g de guisantes congelados
½ cucharadita de sal
½ cucharadita de guindilla en
   polvo
1 cucharada de zumo de limón
hojas de cilantro fresco, para
   decorar

1 Deshuese los muslos de pollo ayudándose con un cuchillo afilado.

2 Mezcle en un cuenco el jengibre, el ajo, la sal y la pimienta negra molida gruesa.

3 Incorpore a la mezcla los trozos de pollo, y resérvelos.

4 Caliente el aceite en una sartén grande, y fría el pollo 10 minutos.

5 Reduzca la temperatura y añada el pimiento y el agua a la sartén. Cuézalo a fuego lento 10 minutos, y a continuación rocíelo con el zumo de limón.

6 Mientras tanto, prepare el maíz y los guisantes fritos. Derrita mantequilla en una sartén grande, añada el maíz y los guisantes, y saltéelos unos 10 minutos, removiendo. Añada la sal y la guindilla en polvo y fríalo 5 minutos más.

7 Rocíelo con el zumo de limón y adórnelo con las hojas de cilantro fresco.

8 Distribuya pollo y el pimiento en platos individuales, y sírvalos acompañados con el maíz y los guisantes fritos.

Kebabs de pollo

Para 6–8 personas

INGREDIENTES

1,5 kg de pollo deshuesado
½ cucharadita de comino
molido y ½ de canela
en polvo
4 vainas de cardamomo
majadas
1 cucharadita de jengibre

fresco, finamente picado
1 cucharadita de sal
1 cucharadita de ajo chafado
½ cucharadita de pimienta
de Jamaica, y ½ de negra
300 ml de agua
2 cucharadas de yogur

2 guindillas verdes
1 cebolla pequeña
hojas de cilantro fresco
1 huevo mediano batido
300 ml de aceite
ensalada verde y gajos de
limón, para decorar

1 Disponga el pollo deshuesado en una cazuela grande. Añada el cardamomo, el comino molido, la canela, la sal, el jengibre, el ajo, la pimienta de Jamaica y la pimienta negra, y vierta encima el agua. Lleve la mezcla a ebullición hasta que el agua se haya absorbido.

2 Ponga la mezcla en una picadora y forme una pasta suave. Pase la pasta a un cuenco grande, añada el yogur y mézclelo todo bien.

3 Triture las guindillas verdes y las hojas de cilantro en la picadora. Añádalas a la pasta de pollo y mezcle bien. Agregue el huevo batido y remueva para mezclar todos los ingredientes.

4 Divida la mezcla en 12-15 partes y con cada una haga un círculo plano, trabajándola con las palmas de la mano.

5 Caliente el aceite en una cazuela y fría los

kebabs por tandas, a fuego suave, dándoles la vuelta una vez. Escúrralos bien sobre papel absorbente y sírvalos calientes.

SUGERENCIA

Los kebabs indios no se preparan necesariamente en brochetas; también pueden ser servidos en un plato y van siempre sin salsa alguna.

Pollo con cebolla

Para 4 personas

INGREDIENTES

300 ml de aceite
4 cebollas medianas, finamente picadas
1½ cucharadita de jengibre fresco, finamente picado
1½ cucharadita de *garam masala*

1½ cucharadita de ajo chafado
1 cucharadita de guindilla en polvo
1 cucharadita de cilantro molido
3 vainas de cardamomo
3 granos de pimienta negra
3 cucharadas de pasta de tomate

8 muslos de pollo, sin piel
300 ml de agua
2 cucharadas de zumo de limón
1 guindilla verde
hojas de cilantro fresco
tiras de guindilla verde, para adornar

1 Caliente el aceite en una sartén, y fría la cebolla, removiendo, hasta que esté dorada.

2 Baje el fuego y añada la *garam masala*, el ajo, el jengibre, el cilantro molido, la guindilla en polvo, la pimienta y el cardamomo, removiendo bien para mezclar los ingredientes.

3 Añada a la sartén la pasta de tomate, y saltéelo todo junto unos 5-7 minutos.

4 Incorpore el pollo y déle la vuelta para que quede bien impregnado con la mezcla de especias.

5 Añada el agua a la sartén, tápela y cueza a fuego lento durante 20-25 minutos.

6 Vierta el zumo de limón, la guindilla verde y el cilantro, y remueva para mezclar.

7 Reparta el pollo y la cebolla entre los platos

individuales calientes, adórnelos y sírvalo sin dejar que se enfríe.

SUGERENCIA

La carne guisada con abundante cebolla se conoce como do pyaza ("dos cebollas"). Sabe mejor preparada con antelación y recalentada, ya que así los sabores maduran y son más intensos.

Muslitos de pollo con hierbas y especias

Para 4 personas

INGREDIENTES

8 muslitos de pollo
1½ cucharadita de jengibre fresco, finamente picado
1½ cucharadita de ajo chafado
1 cucharadita de sal

2 cebollas medianas picadas
½ manojo de hojas de cilantro fresco
4-6 guindillas verdes
600 ml de aceite

4 tomates de consistencia firme, cortados en gajos
2 pimientos verdes grandes, picados gruesos

1 Haga 2-3 incisiones en cada trozo de pollo. Frótelos con el jengibre, el ajo y la sal, y resérvelos.

2 Incorpore la mitad de la cebolla, el cilantro y las guindillas verdes a un mortero, y tritúrelo hasta obtener una pasta. Unte los muslitos de pollo con esta pasta.

3 Caliente el aceite en un *karahi* o sartén grande, añada el resto de cebolla y fríala hasta que se haya dorado. Retire la cebolla de la sartén ayudándose con una espumadera y resérvela aparte.

4 Reduzca la temperatura a la posición media, y fría los muslitos de pollo de 2 en 2, hasta que estén a punto (le llevará unos 5-7 minutos cada trozo, aproximadamente).

5 Cuando todo el pollo esté frito, retírelo de la sartén, manténgalo caliente y resérvelo.

6 Incorpore el tomate y el pimiento verde a la sartén y rehóguelo hasta que se ablande un poco, pero no demasiado.

7 Pase el tomate y el pimiento a una fuente de servir, y coloque los muslitos de pollo encima. Adórnelo con la cebolla reservada.

Korma de pollo

Para 4–6 personas

INGREDIENTES

1½ cucharadita de jengibre fresco, finamente picado

1½ cucharadita de ajo majado

2 cucharaditas de *garam masala*

1 cucharadita de guindilla en polvo

1 cucharadita de semillas de comino negro

1 cucharadita de sal

3 semillas de cardamomo verde, sin la vaina, majadas

1 cucharadita de cilantro molido

1 cucharadita de almendras molidas

150 ml de yogur natural

8 pechugas de pollo enteras, sin piel

300 ml de aceite

2 cebollas medianas en rodajas

150 ml de agua

hojas de cilantro fresco, y un poco más para decorar

guindillas verdes picadas

arroz blanco, para servir

1 Mezcle el jengibre, el ajo, la *garam masala*, la guindilla, la sal, el comino, el cilantro, el cardamomo verde, las almendras y el yogur.

2 Unte las pechugas de pollo con la mezcla de yogur y especias y déjelas macerar.

3 Caliente el aceite en una sartén, y fría la cebolla hasta que se dore.

4 Incorpore las pechugas a la sartén, y fríalas durante 5-7 minutos.

5 Agregue el agua, tape la sartén, y cueza a fuego suave unos 20-25 minutos, aproximadamente.

6 Añada el cilantro y las guindillas verdes, y siga cociéndolo todo junto otros 10 minutos, removiendo con cuidado de vez en cuando.

7 Pase el pollo a una fuente de servir, y acompáñelo con arroz hervido.

VARIACIÓN

Puede utilizar pollo troceado en lugar de pechugas. En este caso, debería cocerlo 10 minutos más en el paso 5.

Pollo a la mantequilla

Para 4–6 personas

INGREDIENTES

100 g de mantequilla sin sal	1 cucharadita de guindilla en polvo	150 ml de yogur natural
1 cucharada de aceite		8 trozos de pollo sin piel
2 cebollas medianas, finamente picadas	1 cucharadita de semillas de comino negro	150 ml de agua
		2 hojas de laurel
1 cucharadita de jengibre fresco	1 cucharadita de ajo chafado	150 ml de nata líquida
	1 cucharadita de sal	
2 cucharaditas de *garam masala*	3 vainas de cardamomo verdes	PARA DECORAR:
2 cucharaditas de cilantro molido	3 granos de pimienta negra	hojas de cilantro fresco
	2 cucharadas de pasta de tomate	2 guindillas verdes picadas

1 Caliente la mantequilla y el aceite en una sartén grande, y fría la cebolla hasta que esté dorada, removiendo. Baje el fuego.

2 Machaque el jengibre y póngalo en un cuenco. Añada la *garam masala*, el cilantro molido, la guindilla en polvo, el comino negro, el ajo, la sal, el cardamomo y la pimienta y mezcle bien todos los ingredientes. Incorpore el yogur y la pasta de tomate y vuelva a mezclar.

3 Añada los trozos de pollo a la pasta de yogur y especias, y remueva para que quede bien mezclado.

4 Añada el pollo a la sartén con la cebolla y saltéelo a fuego vivo 5-7 minutos, trazando movimientos semicirculares.

5 Agregue el agua y las hojas de laurel a la sartén, y déjelo a fuego lento unos 30 minutos, removiendo de vez en cuando.

6 Por último, añada la nata líquida y déjelo cocer 10-15 minutos más.

7 Adorne el pollo con el cilantro fresco y la guindilla, y sírvalo caliente.

Pollo tandoori

Para 4 personas

INGREDIENTES

8 muslitos de pollo sin piel	2 cucharaditas de comino	150 ml de agua
150 ml de yogur natural	y 2 de cilantro, molidos	150 ml de aceite
1½ cucharadita de jengibre	1 cucharadita de sal	hojas de lechuga, para servir
fresco, finamente picado	½ cucharadita de colorante	PARA DECORAR:
1½ cucharadita de ajo chafado	alimentario rojo	aros de cebolla
1 cucharadita de guindilla en	1 cucharada de pulpa de	gajos de limón
polvo	tamarindo	rodajas de tomate

1 Haga 2-3 incisiones en cada trozo de pollo.

2 Ponga el yogur en un cuenco y añada el ajo, el jengibre, la guindilla en polvo, el comino y el cilantro, la sal y el colorante rojo. Bata para mezclar bien los ingredientes.

3 Incorpore el pollo a la pasta de yogur y especias, y remuévalo para que quede bien recubierto. Déjelo macerar en la nevera un mínimo de 3 horas.

4 En un cuenco aparte con el agua, deslía la pulpa de tamarindo y añádala a la mezcla de yogur y especias. Reboce el pollo con esta mezcla y déjelo macerar otras 3 horas.

5 Pase los trozos de pollo untados con aceite a una fuente refractaria. Áselo bajo el grill precalentado, a temperatura media, unos 30-35 minutos, dándole la vuelta de vez en cuando y untándolo con el resto de aceite.

6 Coloque el pollo sobre las hojas de lechuga y adórnelo con los aros de cebolla, tomate y el limón.

SUGERENCIA

Los naans (véase pág. 178) y la raita de menta (página 216) combinan bien con este plato.

Pollo asado con especias

Para 4 personas

INGREDIENTES

50 g de almendras molidas	1 cucharadita de guindilla en polvo	PARA DECORAR:
50 g de coco rallado		hojas de cilantro fresco
150 ml de aceite	1½ cucharadita de *garam masala*	1 limón cortado en gajos
1 cebolla mediana, finamente picada	1 cucharadita de sal	
1 cucharadita de jengibre fresco picado	150 ml de yogur	
1 cucharadita de ajo chafado	4 cuartos de pollo, sin piel	
	ensalada verde, para servir	

1 En una sartén de base gruesa tueste las almendras molidas y el coco rallado, y resérvelo.

2 Caliente el aceite en una sartén y fría la cebolla, removiendo, hasta que esté dorada.

3 En un cuenco, mezcle el yogur con el ajo, el jengibre, la guindilla en polvo, la *garam masala* y la sal. Incorpore la almendra y el coco y remueva bien.

4 Añada la cebolla, y mezcle bien todos los ingredientes. Reserve.

5 Coloque los cuartos de pollo sobre la base de una fuente refractaria. Recúbralo con algunas cucharadas de la mezcla de especias, formando una capa fina.

6 Ase el pollo en el horno precalentado a 160 ºC 35-45 minutos. Compruebe si está hecho pinchando la parte más gruesa de la carne con un cuchillo afilado o un pincho de cocina: el jugo saldrá claro cuando el pollo esté cocido. Adórnelo con el cilantro y los gajos de limón y sírvalo con una ensalada.

SUGERENCIA

Para un plato más picante, añada más guindilla en polvo y garam masala.

Jalfrezi de pollo

Para 4 personas

INGREDIENTES

1 cucharadita de aceite de mostaza

3 cucharadas de aceite vegetal

1 cebolla grande picada

3 dientes de ajo chafados

1 cucharada de pasta de tomate

2 tomates, pelados y picados

1 cucharadita de cúrcuma molida

½ cucharadita de semillas de comino molidas

½ cucharadita de semillas de cilantro molidas

½ cucharadita de guindilla en polvo

½ cucharadita de *garam masala*

1 cucharadita de vinagre de

vino tinto

1 pimiento rojo pequeño a tiras

125 g de habas congeladas

sal

500 g de pechugas de pollo cocidas, cortadas en trocitos

ramitas de cilantro fresco, para adornar

1 Caliente el aceite de mostaza en una sartén grande a fuego vivo durante 1 minuto, hasta que empiece a humear. Añada el aceite vegetal, reduzca el fuego y, a continuación, fría la cebolla y el ajo hasta que estén dorados.

2 Añada la pasta de tomate, el tomate picado, la cúrcuma, el comino y el cilantro molidos, la guindilla en polvo, la *garam masala* y

el vinagre de vino tinto. Remuévalo hasta que desprenda aroma.

3 Incorpore el pimiento rojo y las habas a la sartén, y remueva durante unos 2 minutos, hasta que se haya ablandado el pimiento. Añada el pollo y sazone con la sal, al gusto. Rehóguelo a fuego lento durante 6-8 minutos, hasta que el pollo se haya calentado bien y las habas estén tiernas.

4 Sirva el plato adornado con el cilantro.

SUGERENCIA

Esta receta es ideal para utilizar restos de carne de ave, como pavo, pato o codorniz. Cualquier variedad de judía o haba queda bien, pero también los tubérculos, como las patatas, y los calabacines y el brécol. Las verduras de hoja no combinan tan bien.

Pescado rebozado con harina de garbanzo

Para 4-6 personas

INGREDIENTES

100 g de harina de garbanzo
1 cucharadita de jengibre
    fresco, finamente picado
1 cucharadita de ajo chafado
2 cucharaditas de guindilla en
    polvo
1 cucharadita de sal

½ cucharadita de cúrcuma
2 guindillas verdes frescas,
    picadas
hojas de cilantro fresco,
    picadas
300 ml de agua
1 kg de bacalao fresco

300 ml de aceite
arroz blanco, para servir

PARA DECORAR:
2 limones cortados en gajos
6 guindillas verdes cortadas
    en tiritas

1 Disponga la harina de garbanzo en un cuenco grande. Añada el jengibre, el ajo, la guindilla en polvo, la sal y la cúrcuma, y mézclelo todo bien.

2 Añada al contenido del cuenco la guindilla y las hojas de cilantro, y remueva para que quede todo bien mezclado.

3 Vierta el agua poco a poco, y remueva hasta obtener una pasta bastante espesa.

4 Corte el bacalao en 8 trozos con un cuchillo afilado.

5 Reboce con cuidado los trozos de bacalao con la mezcla del cuenco, y sacúdalos para eliminar el exceso de rebozado.

6 Caliente el aceite en una sartén de base gruesa y vaya friendo, por tandas, el bacalao a fuego medio, dándole la vuelta una vez, hasta que esté hecho y dorado.

7 Sirva el bacalao en una fuente, adornado con gajos de limón y guindillas verdes, y acompañado con arroz hervido.

SUGERENCIA

La harina de garbanzo se utiliza para hacer pakoras (véase pág. 192) y para ligar los kebabs. Mezclada con harina integral de trigo se puede elaborar un delicioso pan indio (pág. 176).

Pescado al estilo bengalí

Para 4-6 personas

INGREDIENTES

1 cucharadita de cúrcuma

1 cucharadita de sal

1 kg de filetes de bacalao fresco, sin piel y cortados en tiras

6 cucharadas de aceite de maíz

4 guindillas verdes

1 cucharadita de jengibre fresco, finamente picado

1 cucharadita de ajo chafado

2 cebollas medianas, finamente picadas

2 tomates, finamente picados

6 cucharadas de aceite de mostaza

450 ml de agua

hojas de cilantro fresco, picado, para adornar

1 En un bol pequeño, mezcle la cúrcuma con la sal.

2 Esparza la mezcla del bol sobre el bacalao.

3 Fría el pescado en una sartén con aceite hasta que tenga un color amarillo pálido. Retírelo y resérvelo.

4 Triture la guindilla, el jengibre, el ajo, la cebolla, el tomate y el aceite de mostaza en un mortero o picadora, hasta obtener una pasta.

5 Pase la pasta de especias a una cazuela y fríala hasta que esté dorada.

6 Retire la cazuela del fuego y, con cuidado, deposite los trozos de pescado, procurando que no se rompan, sobre la pasta de especias.

7 Vuelva a poner la cazuela al fuego, añada el agua y cueza el bacalao a temperatura moderada, sin tapar, unos 15-20 minutos, aproximadamente.

8 Adorne el plato con el cilantro picado.

SUGERENCIA

La mostaza, que crece en las llanuras orientales de Bengala, aporta aceite para cocinar y semillas picantes para condimentar. El pescado y el marisco, usual en esta zona, a menudo se prepara con su aceite.

Gambas con pimientos

Para 4 personas

INGREDIENTES

450 g de gambas congeladas
½ manojo de hojas de cilantro
fresco
1 cucharadita de ajo majado

1 cucharadita de sal
1 pimiento verde
mediano

1 pimiento rojo mediano
75 g de mantequilla
sin sal

1 Descongele las gambas, y una vez que se hayan descongelado del todo, lávelas bajo el chorro de agua fría dos veces. Escúrralas bien y póngalas en un cuenco grande.

2 Con un cuchillo bien afilado, pique las hojas de cilantro muy finas.

3 Añada el ajo, la sal y el cilantro picado a las gambas, y déjelas reposar en el cuenco hasta que las necesite.

4 Extraiga las semillas de los pimientos y luego córtelos en tiras finas con un cuchillo afilado.

5 Derrita la mantequilla en una sartén grande y saltee las gambas, agitando la sartén y removiéndolas con suavidad durante unos 10-12 minutos.

6 Incorpore el pimiento a la sartén y fríalo unos 3-5 minutos, removiendo ocasionalmente.

7 Pase las gambas y el pimiento a una fuente, y sírvalo caliente.

VARIACIÓN

Si lo prefiere, puede preparar esta receta con langostinos.

Gambas con espinacas

Para 4-6 personas

INGREDIENTES

225 g de gambas congeladas
350 g de puré de espinacas de
  lata, o espinacas congeladas,
  ya descongeladas y picadas
2 tomates

150 ml de aceite
½ cucharadita de semillas de
  mostaza
½ cucharadita de kalonji (nigella)
1 cucharadita de ajo chafado

1 cucharadita de jengibre
  fresco, finamente picado
1 cucharadita de guindilla en
  polvo
1 cucharadita de sal

1 Incorpore las gambas
a un cuenco con agua
fría y déjelas hasta que se
hayan descongelado del
todo.

2 Escurra el puré de
espinacas, si lo utiliza
de lata.

3 Con un cuchillo
afilado, corte los
tomates en varias rodajas,
y resérvelos aparte.

4 Caliente el aceite en
una sartén y añada las
semillas de mostaza y el
kalonji.

5 Baje la temperatura e
incorpore el tomate, las
espinacas, el jengibre, el ajo,
la guindilla en polvo y la sal
y saltee unos 5-7 minutos.

6 Escurra bien las
gambas.

7 Añada las gambas al
contenido de la sartén.
Remueva con suavidad
hasta que esté todo bien
mezclado, tápelo y déjelo a
fuego suave 7-10 minutos.

8 Pase las gambas y las
espinacas a una fuente
y sírvalas calientes.

SUGERENCIA

*Deberá descongelar y
escurrir bien las espinacas
congeladas antes de
cocinarlas. También puede
utilizar espinacas frescas.*

Gambas tandoori

Para 4 personas

INGREDIENTES

10-12 gambas grandes
100 g de mantequilla sin sal
1 cucharadita de jengibre
    fresco, finamente picado
1 cucharadita de ajo chafado
1 cucharadita de guindilla en
    polvo

½ cucharadita de sal
1 cucharadita de cilantro molido
1 cucharadita de comino molido
hojas de cilantro fresco,
    finamente picadas
unas gotas de colorante
    alimentario rojo

PARA DECORAR:
8 hojas de lechuga
1-2 guindillas verdes,
    finamente picadas
1 limón cortado en gajos

1 Con cuidado, quite
el caparazón de las
gambas.

2 Disponga las gambas
peladas en una fuente
refractaria.

3 Derrita la mantequilla
en una cazuela grande.

4 Añada el jengibre,
el ajo, la guindilla
en polvo, la sal, el cilantro
y el comino molidos, las
hojas de cilantro y el
colorante rojo, y remueva
para mezclar bien todos los
ingredientes.

5 Unte las gambas con la
mezcla de mantequilla
y especias.

6 Ase las gambas bajo el
grill muy caliente unos
10-12 minutos, dándoles la
vuelta una vez.

7 Sirva las gambas sobre
las hojas de lechuga,
adornadas con guindilla
verde picada muy fina y
unos gajos de limón.

SUGERENCIA

*Aunque no es
imprescindible, es mejor
pelar las gambas antes de
asarlas, ya que a algunas
personas les cuesta pelarlas
en la mesa.*

Gambas secas

Para 4 personas

INGREDIENTES

200 g de gambas secas
300 ml de aceite
2 cebollas medianas, cortadas
en rodajas
3 guindillas verdes, finamente
picadas

hojas de cilantro fresco,
finamente picadas
1½ cucharadita de jengibre
fresco, finamente picado
1½ cucharadita de ajo chafado
una pizca de cúrcuma

1 cucharadita de sal
1 cucharadita de guindilla en
polvo, y un poco más para
adornar
2 cucharadas de zumo de limón

1 Deje las gambas en remojo en un cuenco con agua fría durante 2 horas. Escúrralas y lávalas dos veces bajo el chorro de agua fría. Escúrralas bien una vez más.

2 Caliente 150 ml de aceite en una sartén o en una cazuela grande. Añada 2 guindillas verdes, la cebolla y la mitad del cilantro fresco, y saltéelo hasta que se dore la cebolla.

3 Añada el jengibre, el ajo, la cúrcuma, la sal y la guindilla en polvo, y saltéelo 2 minutos más, a fuego suave. Resérvelo hasta que lo necesite.

4 Caliente el resto del aceite en una sartén aparte y fría las gambas, removiendo de vez en cuando, hasta que estén crujientes.

5 Mezcle las gambas con la salsa de cebolla removiéndolas bien. Rocíelo con el zumo de limón, y saltéelo durante 3-5 minutos.

6 Páselas a una fuente de servir, adórnelas con un poco de guindilla en polvo, y sirva las gambas con *chapatis* (véase pág. 180).

VARIACIÓN

*Si lo prefiere, puede
sustituir las gambas secas
por 450 g de gambas
frescas.*

Gambas con tomate

Para 4–6 personas

INGREDIENTES

3 cebollas medianas
1 pimiento verde
1 cucharadita de jengibre
    fresco, finamente picado
1 cucharadita de ajo majado

1 cucharadita de sal
1 cucharadita de guindilla en
    polvo
2 cucharadas de zumo de
    limón

350 g de gambas congeladas
3 cucharadas de aceite
1 lata de 400 g de tomate
hojas de cilantro fresco, para
    decorar

1 Corte las cebollas y el pimiento en rodajas.

2 Mezcle el jengibre, el ajo, la sal y la guindilla en polvo en un cuenco pequeño. Agregue el zumo de limón y remuévalo todo para formar una pasta.

3 En otro cuenco, cubra las gambas con agua fría y déjelas en remojo hasta que se descongelen. Escúrralas bien.

4 Caliente el aceite en una cazuela y fría la cebolla hasta que se dore.

5 Añada la pasta de especias a la cebolla, reduzca la temperatura y cuézalo a fuego suave 3 minutos, removiendo para que se mezcle bien.

6 Incorpore a la cazuela el tomate con su jugo y el pimiento y déjelo unos 5-7 minutos, removiendo ocasionalmente.

7 Añada a la cazuela las gambas descongeladas, y déjelas cocer durante 10 minutos, removiendo de vez en cuando. Adórnelas con las hojas de cilantro fresco. Acompañe el plato con arroz blanco y una ensalada verde.

SUGERENCIA

La raíz de jengibre fresco tiene el aspecto de una patata nudosa. Hay que quitar la piel y después se puede rallar la carne, picarla o cortarla en rodajitas. El jengibre también se vende molido, y es un buen sustituto del fresco, aunque por supuesto el fresco es mejor.

Verduras

En la India hay muchas personas vegetarianas,
posiblemente la mayoría, por razones principalmente
religiosas. Por lo tanto, a lo largo de los años los indios
han utilizado la imaginación para crear una
amplísima gama de platos vegetarianos. Las espinacas,
el tomate, la patata, la judía verde y la coliflor son
ingredientes habituales de su cocina, pero otras
verduras populares en la India, como la berenjena,
la okra (quingombó) y el mooli (rábano blanco) son
menos familiares en algunos países occidentales, a
pesar de que hoy en día es fácil encontrarlos. En este
capítulo he incluido algunos platos vegetarianos,
sencillos pero deliciosos, que contienen estas verduras,
con o sin salsa, que le ayudarán a familiarizarse
con ellas.

En los hogares estrictamente vegetarianos no se incluye
ni el pescado ni los huevos en la dieta, lo que implica
una deficiencia de proteínas y ciertas vitaminas. Por ello
es importante servir un plato de dahl (lentejas indias)
como parte de la comida vegetariana, por su alto
contenido en proteínas. La raita (véase pág. 216)
es un acompañamiento perfecto para cualquier plato
vegetariano y, en cuanto a los hidratos de carbono, la
mejor opción es el arroz hervido o los puris (pág. 184).

Curry de judía verde y patata

Para 4 personas

INGREDIENTES

300 ml de aceite
1 cucharadita de semillas de comino blanco
1 cucharadita de semillas de mostaza mezcladas con *kalonji*
4 guindillas rojas secas

3 tomates frescos, en rodajas
1 cucharadita de sal
1 cucharadita de jengibre fresco, finamente picado
1 cucharadita de ajo chafado
1 cucharadita de guindilla en polvo

200 g de judías verdes
2 patatas medianas, peladas y cortadas en dados
300 ml de agua
hojas de cilantro fresco picadas
2 guindillas verdes picadas

1 Caliente el aceite en una cazuela grande de base gruesa.

2 Añada la guindilla roja, las semillas de comino blanco, las de mostaza y el *kalonji*. Remueva bien.

3 Incorpore el tomate a la cazuela y rehogue la mezcla unos 3-5 minutos.

4 Mezcle la sal con el jengibre, el ajo y la guindilla en polvo, y con una cucharita pase la mezcla a la cazuela. Mezcle bien todos los ingredientes.

5 Incorpore las judías verdes troceadas y las patatas y rehóguelo unos 5 minutos.

6 Vierta el agua en la cazuela, baje la temperatura y cueza a fuego lento 10-15 minutos, removiendo ocasionalmente.

7 Adorne el curry de patata y judías con la guindilla verde y el cilantro picado, y sírvalo caliente con arroz hervido.

SUGERENCIA

Las semillas de mostaza se suelen freír en aceite o ghee antes de mezclarlas con otros ingredientes para que desprendan todo su aroma.

Coliflor frita

Para 4 personas

INGREDIENTES

4 cucharadas de aceite
¹/₂ cucharadita de *kalonji*
¹/₂ cucharadita de semillas de mostaza

¹/₂ cucharadita de semillas de *fenogreco* (alholva)
1 coliflor pequeña, cortada en ramitos

4 guindillas rojas secas
1 cucharadita de sal
1 pimiento verde, cortado en trocitos

1 Caliente el aceite en una cazuela grande de base gruesa.

2 Añada el *kalonji*, las semillas de mostaza, las de *fenogreco* y las guindillas rojas secas, sin dejar de remover para que los ingredientes queden bien mezclados.

3 Baje la temperatura y vaya añadiendo, gradualmente, la coliflor y la sal a la cazuela. Saltéelo unos 7-10 minutos, procurando que la coliflor quede bien recubierta e impregnada con las especias.

4 Incorpore el pimiento y saltée 3-5 minutos.

5 Pase la coliflor frita y las especias a una fuente y sírvala caliente.

SUGERENCIA

Las semillas de kalonji (nigella sativa) son pequeñas y negras. Se venden en tiendas de alimentación oriental. Pueden sustituir a la pimienta negra, pero son más especiadas y amargas.

VARIACIÓN

Para ocasiones especiales, puede utilizar en esta receta coliflores miniatura en lugar de dividir una grande en ramitos. Hoy en día no resulta difícil encontrar verduras miniatura, y quedan muy atractivas en la mesa. Deseche casi todas las hojas exteriores de las coliflores miniatura, dejando sólo algunas como efecto decorativo. Escálfelas enteras durante 4 minutos, y prosiga con la receta en el paso 3.

Berenjenas con yogur

Para 4 personas

INGREDIENTES

2 berenjenas medianas
4 cucharadas de aceite
1 cebolla mediana, en rodajas
1 cucharadita de sal

1 cucharadita de semillas de
   comino blanco
1 cucharadita de guindilla en
   polvo

3 cucharadas de yogur natural
½ cucharadita de salsa de
   menta
hojas de menta picadas

1 Lave las berenjenas y séquelas con papel de cocina.

2 Dispóngalas en una fuente para asados, e introdúzcalas en el horno precalentado a 160 °C unos 45 minutos. Retírelas del horno y deje que se enfríen.

3 Parta las berenjenas por la mitad, a lo largo, con un cuchillo afilado, extraiga la pulpa con una cuchara, y resérvela.

4 Caliente el aceite en una cazuela o sartén de base gruesa. Añada la

cebolla y el comino, y fríalo 1-2 minutos sin dejar de remover.

5 Añada la guindilla en polvo, la sal, el yogur natural y la salsa de menta a la sartén y remueva bien para que se mezclen bien los ingredientes.

6 Incorpore la pulpa de berenjena a la mezcla, y saltéela 5-7 minutos, o hasta que todo el líquido haya sido absorbido y la mezcla esté seca.

7 Pase las berenjenas a una fuente de servir,

y adórnelas con las hojas de menta picadas.

SUGERENCIA

Rico en proteínas y calcio, el yogur tiene una presencia importante en la cocina india. El yogur natural espeso es el que más se parece al tipo casero que se prepara en los hogares indios.

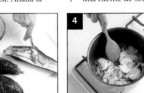

Kebabs de verduras

Para 10-12 kebabs

INGREDIENTES

2 patatas grandes, cortadas
en rodajas
1 cebolla mediana, cortada
en rodajas
½ coliflor mediana, cortada
en ramitos pequeños
50 g de guisantes

1 cucharada de puré de
espinacas
2-3 guindillas verdes
hojas de cilantro fresco
1 cucharadita de jengibre
fresco, finamente picado
1 cucharadita de ajo chafado

1 cucharadita de cilantro molido
una pizca de cúrcuma
1 cucharadita de sal
50 g de pan rallado
300 ml de aceite
tiras de guindilla fresca, para
decorar

1 Disponga las patatas,
la cebolla y la coliflor
en una cazuela con agua,
y lleve a ebullición. Baje
la temperatura y cuézalo
a fuego lento hasta que la
patata esté cocida. Retire
las verduras de la cazuela
con la ayuda de una
espumadera, y escúrralas
bien.

2 Añada los guisantes y
el puré de espinacas a
las verduras, mézclelo todo
bien, y, ayudándose con un
tenedor, prepare un puré.

3 Con un cuchillo bien
afilado pique las hojas
de cilantro fresco y las
guindillas verdes muy finas.

4 Mezcle la guindilla y
el cilantro fresco con
el jengibre, el ajo, el cilantro
molido, la cúrcuma y la sal.
A continuación, mezcle
también las especias con
el puré de verduras, con
la ayuda de un tenedor,
hasta formar una pasta.

5 Extienda el pan rallado
sobre un plato grande.

6 Después, prepare unas
10-12 bolitas de pasta
y aplánelas con la mano
para formar redondeles.

7 Reboce bien cada
kebab con el pan
rallado.

8 Caliente el aceite
en una sartén de base
gruesa, y fría los *kebabs* por
tandas hasta que estén
dorados. Repártalos en
platos individuales y
adórnelos con tiras de
guindilla fresca.

Curry de quingombó

Para 4 personas

INGREDIENTES

450 g de quingombó (*okra*)
150 ml de aceite
2 cebollas medianas, cortadas
en rodajas

3 guindillas verdes, finamente
picadas
2 hojas de curry (*mitha neem*)
1 cucharadita de sal

1 tomate cortado en rodajas
2 cucharadas de zumo de limón
hojas de cilantro fresco

1 Lave los quingombós y escúrralos bien. Con un cuchillo afilado retire y deseche las puntas, y córtelos en trozos de unos 2,5 cm, aproximadamente.

2 Caliente el aceite en una sartén grande de base gruesa. Añada la cebolla, la guindilla verde, las hojas de curry y la sal, y mézclelo todo bien. Saltee las verduras durante 5 minutos.

3 Poco a poco, vaya incorporando el quingombó a la sartén, mezclando bien todos los ingredientes con una espumadera. Saltee la mezcla de verduras a fuego medio 12-15 minutos.

4 Añada las rodajas de tomate, y rocíe la mezcla con el zumo de limón.

5 Adórnelo con las hojas de cilantro, tape la sartén y deje cocer a fuego lento unos 3-5 minutos.

6 Reparta el curry en platos individuales, y sírvalo caliente.

SUGERENCIA

El quingombó tiene una consistencia muy gelatinosa, que espesa de forma natural curries y estofados.

SUGERENCIA

Si compra el quingombó fresco, compruebe que no se haya encogido ni tenga manchas oscuras. El quingombó fresco se conserva, bien envuelto, unos 3 días en la nevera.

Curry de espinacas y queso

Para 4 personas

INGREDIENTES

300 ml de aceite
200 g de *paneer* cortado en
   dados (véase sugerencia)

3 tomates cortados en rodajas
1½ cucharadita de guindilla en
   polvo y 3 guindillas verdes

1 cucharadita de comino molido
1 cucharadita de sal
400 g de espinacas

1 Caliente el aceite en una sartén grande y fría los dados de *paneer*, removiendo de vez en cuando, hasta que estén dorados.

2 Retire el queso de la sartén con una espumadera y déjelo escurrir sobre papel absorbente.

3 Añada el tomate a la sartén y saltéelo, unos 5 minutos, deshaciéndolo mientras se cuece.

4 Incorpore el comino molido, la guindilla en polvo y la sal, y mezcle bien los ingredientes.

5 Añada las espinacas a la sartén, y saltéelas a fuego suave 7-10 minutos.

6 Incorpore la guindilla verdes y el *paneer* y remueva 2 minutos más.

7 Pase el curry a platos individuales y sírvalo caliente con unos *puris* o arroz blanco.

VARIACIÓN

Si utiliza espinacas congeladas para esta receta, descongélalas y escúrralas bien antes de utilizarlas.

SUGERENCIA

Para preparar el paneer o queso indio, hierva 1 litro de leche a fuego muy lento; a continuación añada 2 cucharadas de zumo de limón, removiendo con suavidad y sin parar, hasta que la leche espese y empiece a cuajar. Cuele la leche con un colador. Déjela reposar de 1½ a 2 horas, con un peso encima, para prensarla y que adquiera una forma plana de más o menos 1 cm de grosor. Una vez cuajado, podrá cortar el paneer, como el queso normal, en cualquier forma que desee.

Curry de verduras

Para 4 personas

INGREDIENTES

250 g de nabos o rutabagas, pelados
1 berenjena sin el tallo
350 g de patatas nuevas, lavadas
250 g de coliflor
250 g de champiñones
1 cebolla grande
250 g de zanahorias peladas
6 cucharadas de *ghee* vegetal o aceite
2 dientes de ajo chafados

1 trozo de jengibre fresco de 5 cm, picado fino
1-2 guindillas verdes frescas, sin semillas y picadas
1 cucharada de pimentón
2 cucharaditas de cilantro molido
1 cucharada de curry en polvo o en pasta, poco o moderadamente picante
450 ml de caldo vegetal

1 lata de 400 g de tomate triturado
1 pimiento verde, sin semillas y cortado en rodajas
1 cucharada de harina de maíz
150 ml de leche de coco
sal
2-3 cucharadas de almendras molidas
ramitas de cilantro fresco, para adornar

1 Corte los nabos o las rutabagas, la berenjena y las patatas en dados de 1 cm. Divida la coliflor en ramitos pequeños y corte la cebolla y las zanahorias en rodajas, dejando enteros los champiñones.

2 Caliente el *ghee* o el aceite en una cazuela, añada la cebolla, el nabo, la patata y la coliflor, y déjelo a fuego suave 3 minutos, removiendo a menudo. Incorpore, el jengibre, el ajo, el curry, la guindilla, el pimentón, el cilantro molido, y cueza 1 minuto.

3 Agregue el caldo, el tomate, la berenjena y los champiñones, y sazone con sal. Tápelo y déjelo a fuego suave 30 minutos o hasta que las verduras estén tiernas. Añada el pimiento y la zanahoria, tápelo y deje cocer 5 minutos más.

4 Deslía la harina de maíz en la leche de coco y añádala a la mezcla. Añada la almendra molida y cueza, removiendo y a fuego lento, 2 minutos. Sirva el curry en platos individuales adornado con cilantro fresco.

Dosas de arroz con relleno de patata

Para 6-8 dosas

INGREDIENTES

200 g de arroz y 50 g de *urid dahl* o 200 g de arroz molido y 50 g de harina de *urid dahl (ata)*
425-600 ml de agua
1 cucharadita de sal
4 cucharadas de aceite

RELLENO:
4 patatas medianas cortadas en dados
3 guindillas verdes picadas
½ cucharadita de cúrcuma
1 cucharadita de sal
150 ml de aceite

1 cucharadita de mezcla de semillas de mostaza y *kalonji*
3 guindillas rojas secas
4 hojas de *curry (mitha neem)*
2 cucharadas de zumo de limón

1 Para preparar las *dosas* (crepes), deje el arroz y el *urid dahl* en remojo unas 3 horas. Muélalo hasta obtener una consistencia suave, añadiendo agua si fuera necesario. Déjelo reposar 3 horas más para que fermente. Si utiliza arroz molido y harina de *urid dahl (ata)*, mézclelos en un cuenco grande. Agregue el agua y la sal, y remueva hasta formar una pasta.

2 Caliente 1 cucharada de aceite en una sartén.

Añada un poco de pasta, inclinando la sartén para recubrir la base. Tápela y cueza a fuego moderado 2 minutos. Retire la tapa y con mucho cuidado déle la vuelta a la *dosa*. Vierta un poco de aceite en el borde de la sartén, tápela, y deje cocer unos 2 minutos más. Repita la operación con el resto de la pasta.

3 Para preparar el relleno hierva la patata en una cazuela con agua. Añada la guindilla, la cúrcuma y la sal

y deje cocer hasta que la patata esté suave y pueda triturarla un poco.

4 Caliente el aceite en una sartén y fría las semillas de mostaza y de *kalonji*, las guindillas rojas secas y las hojas de curry, 1 minuto. Viértalo sobre la patata triturada, rocíe con el zumo de limón y mezcle los ingredientes. Deposite el relleno de patata sobre una mitad de cada *dosa* y doble la otra mitad por encima del relleno.

Patatas con cebolla y especias

Para 4 personas

INGREDIENTES

6 cucharadas de aceite
2 cebollas medianas picadas
1 cucharadita de jengibre
  fresco, finamente picado
1 cucharadita de guindilla en
  polvo
1½ cucharadita de comino
  molido

1½ cucharadita de cilantro
  molido
1 cucharadita de ajo chafado
1 cucharadita de sal
400 g de patatas nuevas de bote
1 cucharada de zumo de limón
1 guindilla verde, finamente
  picada, para decorar

BAGHAAR:
3 cucharadas de aceite
3 guindillas rojas secas
½ cucharadita de *kalonji*
½ cucharadita de semillas de
  mostaza
½ cucharadita de semillas de
  fenogreco

1 Caliente el aceite en
una cazuela grande y
fría la cebolla, removiendo,
hasta que esté dorada.
Reduzca la temperatura,
añada el jengibre, el ajo,
la guindilla en polvo, el
comino y el cilantro
molidos, así como la sal,
y remuévalo durante
1 minuto. Retire la cazuela
del fuego y déjelo reposar
hasta que lo necesite.

2 Escurra el agua de las
patatas y añádalas a la
cebolla y las especias.
Rocíelo con el zumo de
limón y mezcle todo bien.

3 Para preparar el *baghaar*,
caliente un poco más
de aceite en un cazo y fría
la guindilla roja picada,
el *kalonji*, las semillas de
mostaza y de *fenogreco*, sin
dejar de remover, hasta que
hayan adquirido un color
oscuro. Retire el cazo del
fuego y vierta el *baghaar*
sobre la mezcla de patatas
y cebolla.

4 Adorne las patatas con
la guindilla picada y
sírvalas inmediatamente.

SUGERENCIA

*Para variar, también podría
servir estas patatas con
cordero asado o chuletas
de cordero.*

Curry de mooli

Para 4 personas

INGREDIENTES

450 g de *mooli* (rábano blanco), a poder ser con las hojas
1 cucharada de *mung dahl*
600 ml de agua

1 cebolla mediana
150 ml de aceite
1 cucharadita de ajo chafado

1 cucharadita de guindillas rojas, finamente picadas
1 cucharadita de sal

1 Lave el *mooli*, pélelo y córtelo en rodajas, junto con sus hojas.

2 Disponga el *mooli*, las hojas (si las utiliza) y el *mung dahl* en una cazuela grande y cúbralo con agua. Llévelo a ebullición y luego cuézalo a fuego lento hasta que el *mooli* esté tierno para poder manipularlo.

3 Escurra bien el *mooli* y estrújelo para eliminar el exceso de agua.

4 Con un cuchillo afilado corte la cebolla en rodajitas finas.

5 Caliente el aceite en una sartén, y fría la cebolla y el ajo, añada la guindilla roja y la sal, removiendo de vez en cuando, hasta que la cebolla se haya ablandado y dorado ligeramente.

6 Incorpore el *mooli* a la sartén y remueva bien. Baje la temperatura y siga cociéndolo, removiendo con frecuencia, durante 3-5 minutos más.

7 Sirva el curry de *mooli* en platos individuales, acompañado con *chapatis* (véase pág. 180).

SUGERENCIA

El mooli (rábano blanco) se parece un poco a una chirivía con el extremo más grueso. Actualmente se puede encontrar en muchos supermercados y colmados indios y paquistaníes.

Berenjenas con especias

Para 4 personas

INGREDIENTES

2 cucharaditas de cilantro molido

2 cucharaditas de comino molido

2 cucharaditas de coco rallado

2 cucharaditas de semillas de sésamo

1 cucharadita de semillas de mostaza con *kalonji*

300 ml de aceite

1 cucharadita de jengibre fresco, finamente picado

3 cebollas medianas en rodajas

1 cucharadita de ajo chafado

1½ cucharadita de guindilla en polvo y ½ de cúrcuma

1½ cucharadita de sal

3 berenjenas medianas, partidas por la mitad a lo largo

1 cucharada de pulpa de tamarindo

300 ml de agua

BAGHAAR:

1 cucharadita de *kalonji* con semillas de mostaza, y 1 de semillas de comino

4 guindillas rojas secas

150 ml de aceite

hojas de cilantro

1 guindilla verde picada

3 huevos duros, por la mitad, para decorar

1 Tueste sin aceite el cilantro, el comino, el coco, las semillas de sésamo y de mostaza y el *kalonji*. Muélalo y reserve.

2 Fría la cebolla en una sartén con el aceite, baje el fuego y añada la sal, el jengibre, el ajo, la guindilla en polvo y la cúrcuma. Cuando esté frío, tritúrelo.

3 Haga 4 incisiones transversales en cada mitad de berenjena con un cuchillo. Mezcle las especias con el puré de cebolla y rellene con esta pasta las incisiones.

4 Prepare una pasta fina desliendo la pulpa del tamarindo en 3 cucharadas de agua.

5 Para el *baghaar,* fría en el aceite el *kalonji* y las semillas de mostaza y de comino, y la guindilla. Baje el fuego y deposite sobre el *baghaar* la berenjena. Añada la pasta de tamarindo y el resto del agua y cueza unos 15-20 minutos. Añada el cilantro y la guindilla verde. Sirva las berenjenas frías y decórelas con los huevos.

Buñuelos con salsa de yogur

Para 4 personas

INGREDIENTES

BUÑUELOS:

100 g de harina de garbanzo
1 cucharadita de guindilla en
  polvo
½ cucharadita de sal
½ cucharadita de bicarbonato
1 cebolla mediana picada
2 guindillas verdes
cilantro fresco
150 ml de agua
300 ml de aceite

SALSA DE YOGUR:

300 ml de yogur
3 cucharadas de harina de
  garbanzo
150 ml de agua
1 cucharadita de jengibre
  fresco picado
1 cucharadita de ajo chafado
1½ cucharadita de guindilla en
  polvo
1½ cucharadita de sal

½ cucharadita de cúrcuma
1 cucharadita de cilantro
  molido
1 cucharadita de comino molido

ALIÑO DE ESPECIAS:

150 ml de aceite
1 cucharadita de semillas de
  comino blanco
6 guindillas rojas secas

1 Para los buñuelos, tamice la harina de garbanzo sobre un cuenco. Añada la guindilla, la sal, el bicarbonato, la cebolla, las guindillas verdes y el cilantro, y mézclelo todo. Agregue el agua y prepare una pasta espesa. Caliente el aceite en una sartén. Vierta algunas cucharadas de pasta en él y fría hasta que se doren a fuego moderado.

2 Para la salsa, vierta el yogur en un cuenco y bátalo con la harina de garbanzo y el agua. Añada el resto de las especias y el ajo y mézclelo todo bien. Pase la mezcla por el chino, directamente sobre una cazuela. Lleve la salsa a ebullición a fuego lento, sin dejar de remover. Si quedara demasiado espesa, añada un poco más de agua.

3 Vierta la salsa en una fuente honda y coloque los buñuelos encima. Manténgalos calientes.

4 Para el aliño, caliente el aceite en una sartén y fría la guindilla roja y las semillas de comino blanco hasta que adquieran un tono más oscuro. Vierta el aliño sobre los buñuelos y sírvalos calientes.

Curry de patata

Para 4 personas

INGREDIENTES

3 patatas medianas
150 ml de aceite
1 cucharadita de *kalonji* y
⅟₂ de semillas de hinojo

4 hojas de *curry*
1 cucharadita de comino y
1 de cilantro molidos
una pizca de cúrcuma

1 cucharadita de guindilla en
polvo
1 cucharadita de sal
1½ cucharadita de *amchur*

1 Pele y lave las patatas. Con un cuchillo bien afilado, corte cada una en 6 rodajas.

2 Hierva la patata en una cazuela con agua unos 12-15 minutos, hasta que se haya cocido, aunque sin quedar demasiado blanda. Escúrrala y resérvela hasta que la necesite.

3 Caliente el aceite en una cazuela aparte, reduzca la temperatura, y agregue el *kalonji*, las semillas de hinojo y las hojas de curry, sin dejar de remover.

4 Retire la cazuela del fuego y añada el comino molido, la guindilla, la sal, el cilantro, el *amchur* (mango seco molido) y la cúrcuma, removiendo para mezclar los ingredientes.

5 Vuelva a poner la cazuela en el fuego y saltee la mezcla de especias durante 1 minuto.

6 Vierta esta mezcla por encima de las patatas cocidas, mézclelo todo bien procurando no romper demasiado las patatas, y saltéelo a fuego suave unos 5 minutos.

7 Pase el curry de patata a platos individuales y sírvalo inmediatamente.

SUGERENCIA

Tradicionalmente se sirve un postre de sémola (véase pág. 244) después del curry de patata.

Calabacín con semillas de fenogreco

Para 4 personas

INGREDIENTES

6 cucharadas de aceite
1 cebolla mediana, picada
3 guindillas verdes, picadas
1 cucharadita de jengibre fresco, finamente picado

1 cucharadita de ajo chafado
1 cucharadita de guindilla en polvo
450 g de calabacines cortados en rodajas

2 tomates cortados en rodajas
hojas de cilantro fresco, y un poco más para decorar
2 cucharaditas de semillas de *fenogreco* (alholva)

1 Caliente el aceite en una sartén grande.

2 Añada la cebolla, la guindilla verde, la guindilla en polvo, el ajo y el jengibre a la sartén, y remueva para mezclar los ingredientes.

3 Incorpore las rodajas de calabacín y las de tomate y saltéelo todo junto durante unos 5-7 minutos.

4 Añada el cilantro y las semillas de *fenogreco* a la mezcla de calabacín, y saltéelo todo durante 5 minutos más.

5 Retire la sartén del fuego y reparta el calabacín con la salsa de especias en varios platos individuales. Adórnelos y sírvalos bien calientes, acompañados con unas *chapatis* (véase pág. 180).

SUGERENCIA

Las hojas y las semillas del fenogreco se pueden aprovechar, pero hay que descartar los tallos y la raíz, ya que tienen un sabor amargo. El fenogreco fresco se vende en manojos. Sus semillas son planas y de color pardo amarillento, y se pueden sustituir por las semillas de cilantro.

Curry de calabaza verde

Para 4 personas

INGREDIENTES

150 ml de aceite
2 cebollas medianas en rodajas
½ cucharadita de semillas de comino blanco
1 cucharadita de ajo chafado

450 g de calabaza verde, cortada en dados
1 cucharadita de *amchur*
1 cucharadita de jengibre fresco, finamente picado

1 cucharadita de guindilla roja chafada
½ cucharadita de sal
300 ml de agua

1 Caliente el aceite en una sartén, y fría la cebolla y las semillas de comino, removiendo de vez en cuando, hasta que tengan un color dorado.

2 Incorpore la calabaza a la sartén y saltéela 3-5 minutos a fuego vivo.

3 Mezcle el *amchur* con el jengibre, la guindilla, el ajo y la sal.

4 Añada las especias a la calabaza, removiendo bien para mezclar los ingredientes.

5 Agregue el agua, tape la sartén y cuézalo a fuego lento 10-15 minutos, removiendo de vez en cuando.

6 Acompañe la calabaza con pan de harina de garbanzo (véase pág. 176).

VARIACIÓN

Puede utilizar calabaza corriente para esta receta, si lo prefiere.

SUGERENCIA

Las semillas de comino son muy populares en la cocina india debido a su intenso y cálido sabor y aroma. Las semillas se venden enteras o molidas, y normalmente son uno de los componentes de la garam masala.

Patatas con guisantes

Para 2-4 personas

INGREDIENTES

150 ml de aceite
3 cebollas medianas, cortadas
   en rodajas
1 cucharadita de ajo chafado
1 cucharadita de jengibre
   fresco, finamente picado

1 cucharadita de guindilla en
   polvo
½ cucharadita de cúrcuma
1 cucharadita de sal
2 guindillas verdes frescas,
   finamente picadas

300 ml de agua
3 patatas medianas
100 g de guisantes
guindillas rojas, finamente
   picadas, para adornar

1 Caliente el aceite en una sartén grande, y fría la cebolla, removiendo de vez en cuando, hasta que esté dorada.

2 En un cuenco, mezcle el ajo con el jengibre, la guindilla en polvo, las guindillas verdes frescas, la cúrcuma y la sal. Añada esta mezcla de especias a la sartén.

3 Vierta 150 ml de agua a la sartén, tápela y cueza su contenido hasta que la cebolla esté hecha.

4 Mientras tanto, pele las patatas y lávelas. Corte cada una de ellas en unas 6 rodajas, con un cuchillo afilado.

5 Incorpore las rodajas de patata a la sartén y cueza 5 minutos.

6 Añada los guisantes y el resto de agua a la sartén, tápela y déjelo cocer durante 7-10 minutos.

7 Reparta el contenido de la sartén en platos individuales, y sírvalos

adornados con la guindilla roja finamente picada.

SUGERENCIA

La cúrcuma es una raíz aromática que se deja secar y después se muele para obtener el característico polvo amarillo vivo que aparece en tantos platos indios. Tiene un aroma cálido y fragante, y un sabor intenso, con un toque a rancio.

Curry de garbanzos

Para 4 personas

INGREDIENTES

6 cucharadas de aceite	1 cucharadita de cilantro molido	150 ml de agua
2 cebollas medianas, cortadas en rodajas	1 cucharadita de ajo chafado	1 patata grande
1 cucharadita de jengibre fresco, finamente picado	1 cucharadita de guindilla en polvo	1 lata de 400 g de garbanzos, escurridos
1 cucharadita de comino molido	2 guindillas verdes frescas hojas de cilantro fresco	1 cucharada de zumo de limón

1 Caliente el aceite en un cazo grande.

2 Añada las rodajas de cebolla y fríalas, removiendo de vez en cuando, hasta que estén doradas.

3 Reduzca el fuego y, a continuación, añada el jengibre, el comino y el cilantro molidos, el ajo, la guindilla en polvo, las guindillas verdes picadas y las hojas de cilantro fresco y sofríalo todo, sin dejar de remover, unos 2 minutos.

4 Agregue el agua a la mezcla y remuévalo todo bien.

5 Ayudándose con un cuchillo afilado, corte la patata en pequeños dados.

6 Incorpore la patata y los garbanzos a la mezcla del cazo, tápelo y cuézalo a fuego lento, removiendo de vez en cuando, durante 5-7 minutos.

7 Rocíe el curry con el zumo de limón.

8 Pase el curry de garbanzos a platos individuales y sírvalo con unas *chapatis*, si lo desea.

SUGERENCIA

Utilizar garbanzos envasados ahorra tiempo, pero, si lo prefiere, puede utilizarlos secos. Déjelos en remojo toda la noche y hiérvalos 15-20 minutos o hasta que estén tiernos.

Curry de huevo

Para 4 personas

INGREDIENTES

4 cucharadas de aceite
1 cebolla mediana, cortada en rodajas
1 guindilla roja fresca, finamente picada

½ cucharadita de guindilla en polvo
½ cucharadita de jengibre fresco, finamente picado
½ cucharadita de ajo chafado

4 huevos medianos
1 tomate de consistencia firme, cortado en rodajas
hojas de cilantro fresco

1 Caliente el aceite en un cazo grande.

2 Añada la cebolla al cazo, y fríala hasta que empiece a ablandarse y a adquirir un tono dorado.

3 Incorpore la guindilla roja, la guindilla en polvo, el jengibre y el ajo, y saltee la mezcla, a fuego suave, durante 1 minuto.

4 Añada los huevos y el tomate al cazo y siga cociendo durante unos 3-5 minutos, removiendo con suavidad para romper los huevos cuando empiecen a cuajarse.

5 Espolvoree la mezcla con las hojas de cilantro fresco.

6 Pase el curry de huevo a platos individuales, y sírvalo caliente con *paratas* (véase pág. 174), si lo desea.

SUGERENCIA

En la cocina india se utilizan las hojas y los tallos picados del cilantro, tanto cocidos, para condimentar los platos, como crudos, para adornarlos. Su sabor es muy pronunciado.

SUGERENCIA

El huevo contiene proteínas de gran calidad, grasas, hierro y vitaminas A, B y D, aunque también bastante colesterol.

Verduras variadas

Para 4 personas

INGREDIENTES

300 ml de aceite

1 cucharadita de semillas de mostaza

1 cucharadita de *kalonji*

½ cucharadita de semillas de comino blanco

3-4 hojas de curry (*mitha neem*) picadas

450 g de cebolla picada

3 tomates medianos picados

½ pimiento verde y ½ rojo, cortados en rodajas

1 cucharadita de jengibre fresco, finamente picado

1 cucharadita de ajo chafado

1 cucharadita de guindilla en polvo

¼ de cucharadita de cúrcuma

1 cucharadita de sal

425 ml de agua

2 patatas medianas, peladas y troceadas

½ coliflor, cortada en ramitos pequeños

4 zanahorias medianas, peladas y cortadas en rodajas

3 guindillas verdes, finamente picadas

hojas de cilantro fresco

1 cucharada de zumo de limón

1 Caliente el aceite en una cazuela. Añada las semillas de mostaza, las de comino blanco y el *kalonji*, junto con las hojas de curry (*mitja neem*), y fríalo todo junto hasta que adquiera un tono más oscuro.

2 Incorpore la cebolla a la cazuela y fríala a fuego medio hasta que esté dorada.

3 Añada el tomate y los pimientos y saltéelo 5 minutos.

4 Agregue el jengibre, el ajo, la guindilla en polvo, la cúrcuma y la sal.

5 Vierta 300 ml de agua, tápelo y déjelo a fuego lento 10-12 minutos.

6 Incorpore la patata, la coliflor, la zanahoria, la guindilla verde y las hojas de cilantro y rehogue 5 minutos.

7 Añada el resto del agua y el zumo de limón, y mezcle los ingredientes. Tape la cazuela y cuézalo fuego lento 15 minutos, removiendo de vez en cuando.

8 Pase las verduras a platos individuales y sírvalas inmediatamente.

Curry de patata y coliflor

Para 4 personas

INGREDIENTES

150 ml de aceite
½ cucharadita de semillas de comino blanco
4 guindillas rojas secas
1 cucharadita de jengibre fresco, finamente picado

2 cebollas medianas en rodajas
1 cucharadita de ajo chafado
1 cucharadita de guindilla en polvo
1 cucharadita de sal
una pizca de cúrcuma

3 patatas medianas, peladas y cortadas en rodajas
½ coliflor, cortada en ramitos
2 guindillas verdes (opcional)
hojas de cilantro fresco
150 ml de agua

1 Caliente el aceite en una cazuela.

2 Añada las semillas de comino blanco y las guindillas rojas secas a la cazuela, y remueva.

3 Incorpore la cebolla y fríala, removiendo de vez en cuando, hasta que esté dorada.

4 Mezcle el jengibre con el ajo, la guindilla en polvo, la sal y la cúrcuma en un bol aparte. Pase esta mezcla de especias a la sartén, junto con la cebolla, y saltee unos 2 minutos.

5 Agregue las patatas lavadas y cortadas en rodajas, y los ramitos de coliflor a la mezcla de cebolla y especias, y remueva bien para que las verduras se impregnen con las especias.

6 Reduzca el fuego y añada la guindilla verde (si la utiliza), las hojas de cilantro y el agua. Tape y cueza a fuego suave durante 10-15 minutos.

7 Pase el curry de patata y coliflor a platos de servir calientes, y sírvalo inmediatamente.

SUGERENCIA

Vaya siempre con cuidado cuando manipule guindillas, y, si es posible, póngase guantes de goma, ya que el jugo que desprenden es muy irritante. Lávese bien las manos después de manipularlas y no se toque la zona de los ojos, ya que puede resultar muy doloroso.

Quingombó frito

Para 4 personas

INGREDIENTES

450 g de quingombó (*okra*)
150 ml de aceite
100 g de cebollas secas

2 cucharaditas de *amchur*
(mango seco molido)
1 cucharadita de comino
molido

1 cucharadita de guindilla
en polvo
1 cucharadita de sal

1 Prepare los quingombós cortando y desechando los extremos. Con la ayuda de un cuchillo afilado, ábralos a lo largo, sin llegar a cortarlos del todo.

2 Caliente el aceite en una sartén grande, y fría la cebolla seca hasta que esté crujiente.

3 Retire la cebolla frita de la sartén con una espumadera, y déjela escurrir sobre papel absorbente.

4 Cuando se haya enfriado lo suficiente,

córtela en trocitos y póngala en un bol.

5 Añada el *amchur*, el comino molido, la guindilla en polvo y la sal a la cebolla, y mézclelo todo.

6 Con una cuchara vaya depositando la mezcla de cebolla y especias dentro de los quingombós abiertos.

7 Recaliente el aceite de la sartén.

8 Con cuidado fría el quingombó en el aceite, a fuego suave, durante unos 10-12 minutos.

9 Pase el quingombó frito a una fuente, y sírvalo inmediatamente.

SUGERENCIA

El comino molido, de sabor aromático, cálido y penetrante, se utiliza mucho en la cocina india. Debería tenerlo siempre a mano.

Curry de tomate

Para 4 personas

INGREDIENTES

1 lata de 400 g de tomate
1 cucharadita de jengibre fresco, finamente picado
1 cucharadita de ajo chafado
1 cucharadita de guindilla en polvo
1 cucharadita de sal

½ cucharadita de cilantro molido
½ cucharadita de comino molido
4 cucharadas de aceite
½ cucharadita de *kalonji*
½ cucharadita de semillas de mostaza
3 guindillas rojas secas

½ cucharadita de semillas de *fenogreco*
un pellizco de semillas de comino blanco
2 cucharadas de zumo de limón
3 huevos duros
hojas de cilantro fresco

1 Ponga el tomate en un cuenco grande.

2 Añada el jengibre, el ajo, la sal, la guindilla en polvo, el cilantro y el comino molidos al tomate, y mézclelo todo bien.

3 Caliente el aceite en una cazuela. Añada el *kalonji*, las semillas de mostaza, de *fenogreco* y de comino blanco, así como las guindillas, y saltéelo durante 1 minuto. Retire la cazuela del fuego.

4 Mezcle el contenido del cuenco con el de la cazuela, y póngalo al fuego. Sofría 3 minutos, baje la temperatura y déjelo unos 7-10 minutos, sin tapar del todo, y removiendo de vez en cuando.

5 Rocíelo por encima con el zumo de limón.

6 Pase el curry de tomate a una fuente de servir, resérvelo y manténgalo caliente hasta que los vaya a utilizar.

7 Pele los huevos, córtelos por la mitad y colóquelos sobre el curry de tomate, con la parte de la yema hacia abajo.

8 Adórnelo con hojas de cilantro fresco y sirva el plato caliente.

SUGERENCIA

Puede preparar esta receta con antelación y congelarla sin ningún problema.

Panes, cereales y legumbres

Los panes indios más comunes son los chapatis, paratas y puris, y todos ellos pueden ser elaborados con harina integral, de manera que resultan muy saludables. Los panes indios se preparan en porciones individuales, y yo sugeriría unos 2 por persona.

En la India casi todas las comidas se acompañan con arroz; por lo tanto, hay una gran variedad de formas de prepararlo. Sea cual sea el plato, el objetivo es obtener un arroz seco, de granos sueltos, cocido aunque no demasiado blando. Yo recomiendo el tipo basmati porque es de fácil cocción y da un resultado excelente. Es aconsejable dejarlo unos 20-30 minutos en remojo antes de cocerlo, para evitar que los granos se peguen unos a otros. Como norma, calcule unos 75 g de arroz por persona.

En la India existen como mínimo 30 tipos diferentes de lentejas (dhaal), pero las 4 variedades más comunes son las llamadas mung, masur, chana y urid. Ricas en proteínas, las lentejas suponen un acompañamiento ideal para los curries de verduras. También quedan deliciosas con diferentes carnes. Antes de cocerlas lávelas como mínimo 2 veces y, si dispone de tiempo, déjelas 3 horas en remojo: eso acortará el tiempo de cocción.

Dahl al limón

Para 4 personas

INGREDIENTES

100 g de *masur dahl*
1 cucharadita de jengibre
   fresco, finamente picado
1 cucharadita de ajo chafado
1 cucharadita de guindilla en
   polvo
½ cucharadita de cúrcuma

450 ml de agua
1 cucharadita de sal
3 cucharadas de zumo de
   limón
2 guindillas verdes
hojas de cilantro fresco

BAGHAAR:
150 ml de aceite
4 dientes de ajo enteros
6 guindillas rojas secas
1 cucharadita de semillas de
   comino blanco

1 Lave el *masur dahl* y
póngalo en una
cazuela.

2 Añada el jengibre, el
ajo, la guindilla en
polvo y la cúrcuma, y
mezcle con 300 ml de agua.
Déjelo cocer a fuego
moderado, sin tapar del
todo, hasta que las lentejas
estén tiernas y puedan
triturarse.

3 Triture el *dahl*. Añada el
zumo de limón, la sal y
150 ml de agua. Remueva y

mézclelo todo bien.
Debería tener una
consistencia suave.

4 A continuación, añada
la guindilla verde y el
cilantro fresco, y reserve.

5 Para hacer el *baghaar,*
caliente el aceite en
un cazo, y fría las guindillas
rojas, el ajo, y las semillas de
comino blanco 1 minuto.
Separe del fuego y, cuando
se haya enfriado un poco,
vierta el *baghaar* sobre el
dahl. Si el plato quedara

demasiado líquido, cuézalo
a fuego medio, sin tapar,
unos 3-5 minutos más.

6 Sirva las lentejas
calientes en una
fuente.

SUGERENCIA

*Este plato acompaña
muy bien el* korma
de buey con almendras
de la página 50.

Lentejas blancas

Para 2–4 personas

INGREDIENTES

100 g de *urid dahl*
1 cucharadita de jengibre fresco, finamente picado
600 ml de agua
1 cucharadita de sal

1 cucharadita de pimienta negra
2 cucharadas de *ghee* puro o vegetal
2 dientes de ajo pelados

2 guindillas rojas, finamente picadas
hojas de menta fresca, para decorar

1 Lave las lentejas dos veces, para eliminar piedras o impurezas.

2 Ponga las lentejas y el jengibre en una cazuela.

3 Vierta el agua, tápelo, llévelo a ebullición y déjelo a fuego medio unos 30 minutos. Para saber si las lentejas están cocidas, apriételas entre el índice y el pulgar. Si están un poco duras por la parte central, déjelas 5-7 minutos más. Si fuera necesario, destape la cazuela y déjelas cocer hasta que se haya evaporado el agua.

4 Sazone las lentejas con la sal y un poco de pimienta negra molida gruesa. Remueva bien y reserve.

5 Caliente el *ghee* en un cazo. Añada los dientes de ajo y la guindilla roja picada y remuévalo hasta que quede mezclado.

6 Vierta la mezcla de ajo y guindilla sobre las lentejas, y adórnelas con la menta fresca.

7 Pase las lentejas blancas a platos individuales y sírvalas calientes con unas *chapatis* (véase pág. 180).

SUGERENCIA

Las lentejas urid dahl, *populares en el norte de la India, son de color blanco, pequeñas y redondas. Las distintas variedades de* dahl *suelen ir etiquetadas con el genérico "lentejas."*

Dahl con cebolla

Para 4 personas

INGREDIENTES

100 g de *masur dahl*
6 cucharadas de aceite
1 manojo pequeño de
cebolletas, con las puntas
recortadas y picadas,
incluyendo la parte verde
1 cucharadita de ajo chafado

1 cucharadita de jengibre
fresco, finamente picado
1/2 cucharadita de guindilla en
polvo
1/2 cucharadita de cúrcuma
300 ml de agua
1 cucharadita de sal

1 guindilla verde fresca,
finamente picada
hojas de cilantro fresco,
picadas

1 Lave las lentejas *masur dahl* y resérvelas hasta que las necesite.

2 Caliente el aceite en una cazuela y fría la cebolleta, removiendo, hasta que esté algo dorada.

3 Reduzca la temperatura y añada el jengibre, el ajo, la guindilla en polvo y la cúrcuma. Saltee la cebolleta con las especias.

4 Incorpore las lentejas y mézclelo todo bien.

5 Agregue el agua a la cazuela, baje un poco más la temperatura y deje cocer las lentejas unos 20-25 minutos.

6 Cuando estén totalmente cocidas, añada la sal y remuévalas bien con una cuchara de madera.

7 Adorne el *dahl* con cebolla con la guindilla verde picada y el cilantro fresco. Páselo a una fuente, y sírvalo inmediatamente.

SUGERENCIA

Las lentejas masur dahl, *pequeñas, redondas y anaranjadas, se vuelven más pálidas al cocerlas.*

Dahl aderezado

Para 4 personas

INGREDIENTES

75 g de *masur dahl*
50 g de *mung dahl*
450 ml de agua
1 cucharadita de jengibre
    fresco, finamente picado

1 cucharadita de ajo chafado
2 guindillas rojas picadas
1 cucharadita de sal

TARKA (BAGHAAR):
2 cucharadas de *ghee*
1 cebolla mediana, en rodajas
semillas de mostaza y kalonji
    mezcladas

1 Lave las lentejas para eliminar impurezas.

2 Páselas a una cazuela y vierta el agua poco a poco, removiendo. Añada el ajo, el jengibre y la guindilla roja picada, y déjelo cocer a fuego medio y sin tapar del todo, hasta que las lentejas estén tiernas y se puedan triturar (unos 15-20 minutos).

3 Triture las lentejas, añadiendo un poco más de agua si es necesario, hasta formar un puré espeso.

4 Sazone el puré con sal y remueva. Páselo a una fuente refractaria.

5 Justo antes de servirlo derrita el *ghee* en un cazo pequeño y fría las rodajas de cebolla hasta que estén doradas. Añada la mezcla de semillas de mostaza y *kalonji* y remueva bien.

6 Vierta la mezcla de cebolla y especias sobre el puré de lentejas mientras todavía esté caliente. Páselas a una fuente y sírvalas enseguida.

SUGERENCIA

*Este plato queda muy bien acompañando un curry de verduras o de carne.
También se puede congelar y recalentar más adelante en un cazo o dentro del horno, en un recipiente tapado.*

Alubias de careta

Para 4 personas

INGREDIENTES

150 g de alubias de careta

300 ml de aceite

2 cebollas medianas en rodajas

1 cucharadita de jengibre fresco, finamente picado

1 cucharadita de ajo chafado

1 cucharadita de guindilla en polvo

1½ cucharadita de cilantro molido

1½ cucharadita de comino molido

1½ cucharadita de sal

150 ml de agua

2 guindillas rojas, cortadas en rodajitas finas

hojas de cilantro fresco

1 cucharada de zumo de limón

1 Lave las alubias de careta y déjelas en remojo en un cuenco con agua toda la noche.

2 Ponga las alubias en una cazuela con agua, llévelas a ebullición y déjelas cocer a fuego suave unos 30 minutos. Escúrralas bien y resérvelas.

3 Caliente el aceite en una cazuela y fría la cebolla hasta que esté dorada. Añada el jengibre, el ajo, la guindilla en polvo, la sal, el cilantro y el comino molidos, y saltee la mezcla unos 3-5 minutos.

4 Agregue el agua, cubra la cazuela y cueza hasta que se haya evaporado el agua.

5 Añada las alubias cocidas, las rodajitas de guindilla y las hojas de cilantro a la cebolla, y remueva bien. Saltee la mezcla unos 3-5 minutos.

6 Pase las alubias a una fuente de servir, y rocíelas con el zumo de limón. Puede servirlas frías o calientes.

SUGERENCIA

Las alubias de careta tienen una forma oval, son de color grisáceo o crema y tienen un punto oscuro en la parte central. Su sabor es ligeramente ahumado y se venden secas o envasadas.

Mung dahl seco

Para 4 personas

INGREDIENTES

150 g de *mung dahl*
1 cucharadita de jengibre fresco, finamente picado
½ cucharadita de comino molido
½ cucharadita de cilantro molido

1 cucharadita de ajo chafado
½ cucharadita de guindilla en polvo
600 ml de agua
1 cucharadita de sal

BAGHAAR:
100 g de mantequilla sin sal
5 guindillas rojas secas
1 cucharadita de semillas de comino blanco

1 Lave las lentejas para eliminar las piedras o impurezas que puedan contener.

2 Ponga las lentejas en una cazuela. Añada el jengibre, el comino y el cilantro molidos, el ajo y la guindilla en polvo, y remueva para mezclarlo.

3 Cubra la mezcla con agua y cueza a fuego moderado, removiendo, hasta que las lentejas estén tiernas pero no demasiado blandas.

4 Sazone las lentejas con sal y remueva. Páselas a una fuente de servir, y manténgalas calientes.

5 Mientras tanto prepare el *baghaar*. Derrita la mantequilla en un cazo, añada la guindilla roja y el comino blanco y fríalo hasta que empiece a abrirse.

6 Vierta el baghaar sobre las lentejas y sírvalas calientes, acompañadas con unas *chapatis* y un curry de verduras o de carne.

SUGERENCIA

Lo mejor para dar sabor picante a un plato es añadirle guindillas rojas secas.

SUGERENCIA

Las lentejas mung dahl *son amarillas y tienen forma de lágrima. Son más populares en el norte que en el sur de la India.*

Espinacas con chana dahl

Para 4-6 personas

INGREDIENTES

4 cucharadas de *chana dahl*
6 cucharadas de aceite
1 cucharadita de semillas de mostaza y *kalonji mezcladas*
4 guindillas rojas secas

1 lata de 400-500 g de espinacas, escurridas
1 cucharadita de jengibre fresco, finamente picado
1 cucharadita de cilantro molido

1 cucharadita de sal
1 cucharadita de guindilla en polvo y 1 de comino molido
2 cucharadas de zumo de limón
1 guindilla verde, para decorar

1 Deje el *chana dahl* en remojo en un cuenco con agua caliente 3 horas como mínimo, o si puede ser toda la noche.

2 Escúrralas y póngalas en una cazuela, cúbralas con agua y llévelas a ebullición. Déjelas cocer unos 30 minutos.

3 Caliente el aceite en un cazo y fría la mezcla de semillas de mostaza y de *kalonji* con las guindillas rojas, sin dejar de remover, hasta que las especias cojan un tono más oscuro.

4 Incorpore las espinacas escurridas al cazo, removiendo con cuidado.

5 Añada el jengibre, el cilantro y el comino molidos, la sal y la guindilla en polvo. Reduzca el fuego y saltéelo a fuego suave unos 7-10 minutos.

6 Ponga las lentejas en el cazo y mézclas con las espinacas y las especias, removiendo con cuidado para no romperlas.

7 Pase la mezcla a una fuente de servir, rocíela con el zumo de limón y adórnela con la guindilla verde. Sirva de inmediato.

SUGERENCIA

De aspecto muy similar a las mung dahl, las lentejas chana dahl tienen un tono menos brillante. Se suelen utilizar para ligar otros ingredientes y puede encontrarlas en colmados indios y paquistaníes.

Albóndigas con dahl

Para 6-8 personas

INGREDIENTES

200 g de *masur dahl*
1 cucharadita de jengibre
  fresco, finamente picado
1 cucharadita de ajo chafado
½ cucharadita de cúrcuma
1½ cucharadita de guindilla
  en polvo
3 cucharadas de zumo
  de limón

1½ cucharadita de sal
900 ml de agua

BAGHAAR:
150 ml de aceite
3 dientes de ajo
4 guindillas rojas secas
1 cucharadita de semillas de
  comino blanco

PATATAS FRITAS:
una pizca de sal
2 patatas medianas, cortadas
  en rodajitas muy finas
300 ml de aceite

1 Lave las lentejas, y elimine las piedras que puedan tener. Póngalas en una cazuela cubiertas con 600 ml de agua. Añada el jengibre, el ajo, la cúrcuma y la guindilla, y cuézalas hasta que estén bien tiernas. Sazone con sal y remueva.

2 Haga un puré con las lentejas y presiónelo a través de un colador. Reserve el líquido. Agregue el zumo de limón al líquido colado.

3 Añada 300 ml de agua al líquido colado, y hágalo hervir a fuego suave. Resérvelo.

4 Para las albóndigas, siga la misma receta que para los *kebabs* de la página 46, utilizando el líquido colado en lugar de agua y preparando albóndigas redondas en lugar de pastelitos planos. Coloque las albóndigas con suavidad sobre la mezcla de lentejas.

5 Para preparar el *baghaar* fría el ajo, las semillas de comino y las guindillas rojas secas en un cazo con aceite caliente 2 minutos. Viértalo sobre las lentejas y las albóndigas y remueva.

6 Frote las patatas con sal y fríalas en una sartén hasta que estén crujientes. Adorne las albóndigas con ellas y sírvalas de inmediato.

Arroz con lentejas

Para 4 personas

INGREDIENTES

200 g de arroz *basmati*	1 cebolla pequeña en rodajas	½ cucharadita de cúrcuma
175 g de *masur dahl*	1 cucharadita de jengibre	600 ml de agua
2 cucharadas de *ghee* puro o	fresco, finamente picado	1 cucharadita de sal
vegetal	1 cucharadita de ajo chafado	cilantro picado

1 Mezcle el arroz con el *dahl* y lávelos dos veces, frotándolos con los dedos para eliminar piedras e impurezas. Resérvelos hasta que los necesite.

2 Caliente el ghee en una cazuela y fría la cebolla durante 2 minutos, removiendo ocasionalmente.

3 Baje la temperatura, añada el jengibre, el ajo y la cúrcuma y saltee 1 minuto.

4 Incorpore el arroz y el *dahl* a la cazuela, y mézclelo con cuidado.

5 Agregue el agua y llévelo a ebullición. Baje el fuego, tápelo y déjelo cocer unos 20-25 minutos.

6 Justo antes de servirlo, añada la sal y remueva bien.

7 Sírvalo en una fuente adornándolo con el cilantro picado.

VARIACIÓN

Puede sustituir el mung dahl por masur dahl para esta receta.

SUGERENCIA

Muchas recetas indias especifican el empleo de ghee *para cocinar porque es parecido a la mantequilla clarificada y se puede calentar a altas temperaturas sin llegar a quemarse. Aporta un sabor parecido al de los frutos secos y un tono brillante a las salsas. Puede comprarse en latas, y también existe una versión vegetariana. No es necesario guardarlo en la nevera.*

Chana dahl con arroz

Para 6 personas

INGREDIENTES

100 g de *chana dahl*

450 g de arroz *basmati*

60 ml de *ghee*

2 cebollas medianas, cortadas en rodajitas finas

1 cucharadita de jengibre fresco, finamente picado

1 cucharadita de ajo chafado

½ cucharadita de cúrcuma

2 cucharaditas de sal

½ cucharadita de guindilla en polvo

1 cucharadita de *garam masala*

5 cucharadas de yogur

1,35 litros de agua

150 ml de leche

1 cucharadita de azafrán

3 cucharadas de zumo de limón

2 guindillas verdes, en rodajitas

hojas de cilantro fresco, picadas

3 vainas de cardamomo negras

1 cucharadita de semillas de comino negro

1 Lave el *chana dahl* y déjelo 3 horas en remojo. Lave el arroz y elimine las impurezas que pueda tener. Resérvelo.

2 Caliente el *ghee* en una sartén y fría la cebolla hasta que esté dorada. Retire la mitad de la cebolla y un poco de *ghee* y resérvelo en un cuenco.

3 Añada el jengibre, el ajo, 1 cucharadita de sal, la cúrcuma, la guindilla en polvo y la *garam masala* a la cebolla de la sartén, y fríalo todo 5 minutos. Agregue el yogur, el *chana dahl* y 150 ml de agua. Tápelo y déjelo cocer 15 minutos.

4 Mientras tanto, hierva la leche con el azafrán y después mézclela con la cebolla reservada, el zumo de limón, la guindilla verde y las hojas de cilantro.

5 Hierva el resto del agua y añada la sal, el arroz, el cardamomo negro y las semillas de comino negro, y déjelo cocer, removiendo, hasta que el arroz esté medio hecho. Escúrralo y esparza la mitad de la mezcla de cebolla frita, guindilla verde y azafrán sobre el *chana dahl*. Añada el resto del arroz por encima, y el resto de la mezcla de cebolla sobre el arroz. Tápelo herméticamente y cuézalo a fuego muy lento unos 20 minutos. Remueva antes de servirlo.

Arroz pulau

Para 2–4 personas

INGREDIENTES

200 g de arroz *basmati*
2 cucharadas de *ghee*
3 vainas de cardamomo verdes
2 clavos

3 granos de pimienta
½ cucharadita de sal
½ cucharadita de azafrán
400 ml de agua

1 Lave el arroz dos veces y resérvelo en un bol hasta que lo necesite.

2 Caliente el *ghee* en una cazuela. Añada el cardamomo, los clavos y los granos de pimienta, y fríalos, sin dejar de remover, durante 1 minuto.

3 Incorpore el arroz y sofría 2 minutos más.

4 Agregue la sal, el agua y el azafrán a la mezcla de arroz y, a continuación, baje la temperatura. Tape la cazuela y déjela a fuego lento hasta que se haya evaporado el agua.

5 Páselo a una fuente y sírvalo caliente.

SUGERENCIA

Hay que utilizar el clavo con discreción, porque su sabor puede resultar excesivo si se pone demasiado.

SUGERENCIA

El azafrán, la más cara de las especias, corresponde a los estambres de la planta del azafrán. Aporta un intenso color amarillo a los platos, así como un sabor característico, ligeramente amargo. El azafrán se vende en polvo o en hebras. Las hebras son más caras, pero saben mejor. Algunos libros recomiendan sustituirlo por la cúrcuma pero, aunque su color es similar, el sabor es bien distinto.

Arroz frito con especias

Para 4-6 personas

INGREDIENTES

450 g de arroz
1 cebolla mediana
2 cucharadas de *ghee*
1 cucharadita de jengibre
    fresco, finamente picado

1 cucharadita de ajo chafado
1 cucharadita de sal
1 cucharadita de semillas de
    comino negro
3 clavos enteros

3 vainas de cardamomo verdes
    enteras
2 ramitas de canela
4 granos de pimienta negra
750 ml de agua

1 Lave bien el arroz para eliminar las impurezas que pueda tener.

2 Corte la cebolla con un cuchillo afilado.

3 Derrita el *ghee* en una cazuela y fría la cebolla hasta que esté bien dorada.

4 Añada el jengibre, el ajo y la sal a la cebolla y remueva bien para mezclar los ingredientes.

5 Retire la mitad de la cebolla de la cazuela y resérvela.

6 Incorpore el arroz, el comino negro, el clavo, el cardamomo, la canela y la pimienta a la mezcla de la cazuela y sofríalo durante 3-5 minutos.

7 Agregue el agua y llévelo a ebullición. Reduzca la temperatura, tápelo y déjelo cocer hasta que suelte vapor. Compruebe si el arroz ya está cocido.

8 Pase el arroz a una fuente y sírvalo adornado con la cebolla reservada.

SUGERENCIA

Las vainas de cardamomo contienen numerosas y diminutas semillas negras, que tienen un sabor cálido y muy aromático. Se considera que el verde es el mejor, por su sabor delicado y sutil. También es apreciado por sus propiedades estomacales, y algunos indios lo mastican crudo después de comer para facilitar la digestión y perfumar el aliento.

Pulau de verduras

Para 4-6 personas

INGREDIENTES

2 patatas medianas, peladas y
 cortadas en 6 trozos
1 berenjena mediana, cortada
 en 6 trozos
200 g de zanahorias, peladas y
 cortadas en rodajas
50 g de judías verdes
 troceadas
4 cucharadas de *ghee*
2 cebollas medianas, cortadas
 en rodajas

175 ml de yogur
2 cucharaditas de jengibre
 fresco, finamente picado
2 cucharaditas de ajo chafado
2 cucharaditas de *garam
 masala*
2 cucharaditas de semillas de
 comino negro
½ cucharadita de cúrcuma
3 vainas de cardamomo negras
3 ramitas de canela

2 cucharaditas de sal
1 cucharadita de guindilla en
 polvo
½ cucharadita de hebras de
 azafrán
300 ml de leche
600 g de arroz *basmati*
5 cucharadas de zumo de
 limón

1 Prepare las verduras.
 Caliente el *ghee* en una
sartén y fría la patata, la
berenjena, la zanahoria y las
judías. Retírelo y reserve.
Fría la cebolla hasta que se
ablande y añada el yogur, el
jengibre, el ajo, la cúrcuma,
1 cucharadita de semillas
de comino negro, 1 vaina
de cardamomo, 1 ramita
de canela, la *garam masala*,
1 cucharadita de sal y la

guindilla, y saltee unos 3-5
minutos. Ponga la verdura en
la sartén y fríala 4-5 minutos.

2 Hierva el azafrán con
 la leche, removiendo.
Cueza el arroz en agua
hirviendo, hasta que esté
medio cocido, con 2 ramitas
de canela, 2 vainas de
cardamomo, 1 cucharada
de semillas de comino negro
y 1 de sal. Escúrralo,

mantenga la mitad en la
cazuela y pase la otra mitad
a un cuenco. Disponga la
mezcla de verduras sobre el
arroz de la cazuela. Vierta la
mitad del zumo de limón y
la mitad de la leche con
azafrán sobre ellas, y cúbralo
con el resto del arroz, del
zumo de limón y de leche
con azafrán. Tape la cazuela
y cueza 20 minutos a fuego
lento. Sirva el plato caliente.

Arroz integral con fruta y frutos secos

Para 4-6 personas

INGREDIENTES

4 cucharadas de *ghee* vegetal
o aceite
1 cebolla grande picada
2 dientes de ajo chafados
1 trozo de jengibre fresco de
2,5 cm, finamente picado
1 cucharadita de guindilla en
polvo y 1 de semillas de
comino

1 cucharada de curry en polvo
o en pasta, de picante
suave o moderado
850 ml de caldo de verduras
1 lata 400 g de tomate
triturado
175 g de albaricoques o
melocotones secos, ya
remojados, en tiras finas

300 g de arroz integral
1 pimiento rojo, sin semillas y
cortado en trocitos
90 g de guisantes congelados
1-2 plátanos pequeños, poco
maduros
60-90 g de frutos secos
variados, tostados
sal y pimienta

1 Caliente el *ghee* o el
aceite en una cazuela y
fría la cebolla a fuego suave
unos 3 minutos.

2 Añada el ajo, el curry,
la guindilla, el jengibre,
las semillas de comino y
el arroz. Remueva durante
2 minutos, hasta que
el arroz se impregne con
el aceite y las especias.

3 Hierva el caldo de
verduras y viértalo
sobre el arroz, removiendo.
Añada el tomate, pimienta y
sal. Cuando hierva, reduzca
la temperatura, tape y cueza
a fuego lento 40 minutos o
hasta que el arroz esté casi
cocido y haya absorbido la
mayor parte del líquido.

4 Añada los albaricoques
o los melocotones, el
pimiento y los guisantes a
la mezcla de arroz. Tápelo
y siga cociéndolo durante
10 minutos más.

5 Retire la cazuela del
fuego y déjela reposar
5 minutos sin destapar.

6 Pele los plátanos y
córtelos en rodajas.
Destape la cazuela y con
un tenedor remueva un
poco el arroz. Incorpore
los frutos secos tostados
y las rodajas de plátano,
y agítelo ligeramente.

7 Sirva el arroz caliente
en una bandeja.

Pulau de gambas

Para 4 personas

INGREDIENTES

450 g de gambas congeladas
150 ml de leche
½ cucharadita de azafrán
1 cucharadita de guindilla en polvo
1 cucharadita de semillas de alcaravea

2 ramitas de canela
2 vainas de cardamomo verdes
2 cebollas medianas, cortadas en rodajas
2 hojas de laurel
1 cucharadita de jengibre fresco, finamente picado

1 cucharadita de sal
450 g de arroz *basmati*
5 cucharadas de *ghee*
4 cucharadas de zumo limón
hojas de menta fresca, y un poco más para decorar

1 Descongele las gambas dejándolas en un cuenco con agua fría.

2 Hierva 150 ml de leche en un cazo y añada el azafrán. Resérvelo.

3 Ponga la guindilla en polvo, 1 cucharadita de alcaravea, la canela, el cardamomo, las hojas de laurel, 1 cebolla cortada en rodajas, el jengibre y la sal en un mortero y tritúrelo hasta obtener una pasta fina. Reserve.

4 Hierva el arroz en una cazuela hasta que esté medio cocido. Retírelo del fuego y resérvelo.

5 Caliente el *ghee* en una cazuela y dore el resto de la cebolla. Pásela a un cuenco y mézclela con el zumo de limón y algunas hojas de menta.

6 Incorpore la pasta de especias y las gambas a la cazuela y saltéelo unos 5 minutos. Retírelo y páselo a un cuenco.

7 Ponga la mitad del arroz medio cocido en una cazuela y disponga la mezcla de gambas encima. Añada la mitad de la mezcla de cebolla y la mitad de la leche con azafrán. Reparta el resto de arroz por encima y remátelo con el resto de los ingredientes. Añada las hojas de menta extra, tápelo y déjelo cocer a fuego suave durante 15-20 minutos. Remueva bien antes de pasar el *pulau* a una fuente de servir.

Biryani de pollo

Para 6 personas

INGREDIENTES

1½ cucharadita de jengibre
    fresco, finamente picado
1½ cucharadita de ajo chafado
1 cucharada de *garam masala*
½ cucharadita de cúrcuma
    y 1 de guindilla en polvo
2 cucharaditas de sal
20 vainas de cardamomo
    blancas o verdes, majadas

300 ml de yogur natural
1,5 kg de pollo, sin piel y
    cortado en 8 trozos
150 ml de leche
½ cucharadita de hebras de
    azafrán
6 cucharadas de *ghee*
2 cebollas medianas en rodajas
450 g de arroz *basmati*

1 cucharadita de semillas de
    comino negro
2 ramitas de canela
4 granos de pimienta negra
4 guindillas verdes
hojas de cilantro fresco,
    finamente picadas
4 cucharadas de zumo de
    limón

1 Mezcle el jengibre, el ajo, la *garam masala*, la guindilla en polvo, la cúrcuma, 1 cucharadita de sal y el cardamomo con el yogur y los trozos de pollo. Macérelo durante 3 horas.

2 Hierva la leche, viértala sobre el azafrán en un cuenco y resérvela.

3 Caliente el *ghee* en una cazuela y dore la cebolla. Retire la mitad del contenido de la cazuela y resérvelo.

4 Ponga en una cazuela el arroz y el doble de su volumen de agua. Agregue el comino, la canela y la pimienta. Hiérvalo hasta que el arroz esté medio cocido. Escúrralo, póngalo en un cuenco y sazónelo con el resto de la sal.

5 Pique las guindillas verdes bien finas.

6 Pase la mezcla de pollo a la cazuela con cebolla y el *ghee*. Añada la mitad del cilantro, de la guindilla, del zumo de limón y de la leche con azafrán. Añada el arroz y el resto de los ingredientes, incluidos la cebolla y el *ghee* reservados. Tape herméticamente la cazuela y deje a fuego lento 1 hora. Si el pollo aún no estuviera cocido del todo, déjelo unos 15 minutos más. Sirva el *biryani* inmediatamente.

Arroz con tomate

Para 4 personas

INGREDIENTES

150 ml de aceite

2 cebollas medianas cortadas en rodajas

1 cucharadita de *kalonji*

1 cucharadita de jengibre fresco, finamente picado

1 cucharadita de ajo chafado

½ cucharadita de cúrcuma

1 cucharadita de guindilla en polvo

1 cucharadita de sal

1½ cucharadita de sal

1 lata de 400 g de tomate triturado

450 g de arroz *basmati*

600 ml de agua

3 guindillas verdes frescas, finamente picadas, para decorar

1 Caliente el aceite en una cazuela y fría la cebolla hasta que se haya dorado.

2 Añada el *kalonji*, el ajo, el jengibre, la cúrcuma, la guindilla en polvo y la sal, removiendo para que se mezcle bien.

3 Reduzca el fuego, incorpore el tomate y sofríalo durante 10 minutos.

4 Añada el arroz a la mezcla de tomate,

removiendo con suavidad para que quede bien impregnado.

5 Agregue el agua, sin dejar de remover. Tape la cazuela y cueza a fuego lento hasta que el agua haya sido absorbida y el arroz esté cocido.

6 Pase el arroz con tomate a una fuente de servir.

7 Adorne el arroz con la guindilla verde y sírvalo inmediatamente.

SUGERENCIA

En la cocina india siempre se utiliza el kalonji entero. Se emplea para los encurtidos y para espolvorear los naans (véase pág. 178).

Esta especia también se conoce como "semillas de cebolla", aunque no tiene ninguna relación con ella, por su parecido con las semillas de esta planta.

Biryani de cordero

Para 4-6 personas

INGREDIENTES

150 ml de leche
1 cucharadita de azafrán
5 cucharadas de *ghee*
3 cebollas medianas, en rodajas
1 kg de carne magra de cordero, cortada en dados
1½ cucharadita de jengibre fresco, finamente picado

7 cucharadas de yogur natural
1½ cucharadita de ajo chafado
2 cucharaditas de *garam masala*
2 cucharadas de sal
¼ de cucharadita de cúrcuma
600 ml de agua
450 g de arroz *basmati*

2 cucharaditas de semillas de comino negro
3 vainas de cardamomo
4 cucharadas de zumo de limón
2 guindillas verdes frescas
¼ de manojo de hojas de cilantro fresco

1 Hierva la leche con el azafrán y resérvela. Caliente el *ghee* en una cazuela y dore la cebolla. Retire la mitad del contenido y resérvelo.

2 Mezcle la carne con el yogur, el jengibre, la cúrcuma, el ajo, la *garam masala* y 1 cucharadita de sal.

3 Vuelva a poner al fuego la cazuela con cebolla y *ghee*, incorpore la carne,

remueva 3 minutos y añada el agua. Cuézala a fuego suave durante 45 minutos, removiendo de vez en cuando. Si la carne aún no está tierna, añada 150 ml de agua y cuézala 15 minutos más. Cuando se evapore el agua, saltéela 2 minutos y reserve.

4 Mientras tanto, ponga el arroz en una cazuela. Añada el cardamomo, el comino, la sal y suficiente agua para cocerlo a fuego

moderado hasta que el arroz esté medio cocido. Escúrralo y retire la mitad.

5 Extienda la carne sobre el arroz de la cazuela. Añada la mitad de la leche con azafrán, de la guindilla, del cilantro y del zumo de limón. Añada el resto de la cebolla y del *ghee*, la otra mitad del arroz y de los otros los ingredientes. Tape la cazuela y cueza a fuego suave 15-20 minutos. Sirva el *biryani* caliente.

Paratas rellenas de verduras

Para 3-4 paratas

INGREDIENTES

MASA:
225 g de harina integral (*ata* o
   harina para *chapatis*)
½ cucharadita de sal
200 ml de agua
100 g de *ghee* puro o vegetal
2 cucharadas más de *ghee*

RELLENO:
3 patatas medianas
½ cucharadita de cúrcuma
1 cucharadita de *garam
   masala*

1 cucharadita de jengibre
   fresco, finamente picado
hojas de cilantro fresco
3 guindillas verdes, finamente
   picadas
1 cucharadita de sal

1 Para las *paratas*, mezcle la harina con la sal, el agua y el *ghee* en un cuenco hasta obtener una masa.

2 Divida la masa en unas 6-8 partes iguales. Con el rodillo extienda cada una sobre una superficie de trabajo enharinada. Unte el centro de cada una con ½ cucharadita de *ghee*. Dóblela por la mitad, para formar un cilindro, después aplánelo y enróllelo en su dedo hasta formar una espiral. Vuelva a extenderlo con el rodillo, espolvoreando con harina, hasta obtener un redondel de unos 18 cm de diámetro.

3 Hierva las patatas en una cazuela con agua hasta que estén tiernas y puedan ser trituradas.

4 Mezcle la cúrcuma con la *garam masala*, la sal, el jengibre, la guindilla, y el cilantro en un cuenco.

5 Añada las especias a la patata triturada y mézclelo bien. Extienda 1 cucharada de patata sobre cada redondel y cúbralo con otro redondel. Selle bien los bordes.

6 Caliente 2 cucharaditas de *ghee* en una sartén de base gruesa. Deposite las *paratas* con cuidado en la sartén, y fríalas, dándoles la vuelta y moviéndolas con suavidad con una espátula, hasta que estén doradas. Retírelas de la sartén y sírvalas enseguida.

Pan de harina de garbanzo

Para 4-6 panes

INGREDIENTES

100 g de harina integral (*ata* o
harina para *chapatis*)
75 g de harina de garbanzo
½ cucharadita de sal
1 cebolla pequeña

hojas de cilantro fresco,
picadas muy finas
2 guindillas verdes frescas,
picadas muy finas

150 ml de agua
2 cucharadas de *ghee*

1 Tamice los dos tipos
de harina en un cuenco
grande. Sazone con la sal y
mezcle bien.

2 Con un cuchillo
afilado, pele y pique
la cebolla bien fina.

3 Mezcle la cebolla con
las guindillas picadas y
el cilantro, e incorpórelo a
la harina.

4 Incorpore el agua y
remueva hasta formar
una masa suave. Tape la
masa y déjela reposar unos
15 minutos.

5 Amásela durante unos
5-7 minutos.

6 Divida la masa en
8 porciones iguales.

7 Extiéndalas sobre una
superficie enharinada y
forme redondeles de 18 cm
de diámetro con el rodillo.

8 En una sartén, fría
las porciones, de una
en una, a fuego medio.
Déles la vuelta 3 veces y
engráselas cada vez por
ambos lados con un poco
de *ghee*. Sirva el pan caliente
en platos individuales.

SUGERENCIA

*La harina de garbanzo
(besan) es de color amarillo
pálido y se elabora con
garbanzos molidos. En la
India se utiliza para hacer
pan, bhajis y pastas para
rebozar, y para espesar salsas
y estabilizar el yogur cuando
se añade a los platos picantes.*

*Adquiérala en colmados
indios o tiendas de dietética, y
consérvela en un recipiente,
en un lugar fresco y oscuro.*

Naans

Para 6-8 unidades

INGREDIENTES

1 cucharadita de azúcar	200 g de harina	1 cucharadita de *kalonji*
1 cucharadita de levadura fresca	1 cucharada de *ghee*	
150 ml de agua caliente	1 cucharadita de sal	
	50 g de mantequilla sin sal	

1 Ponga el azúcar y la levadura en un bol pequeño o en una salsera, junto con el agua caliente, y remueva hasta que la levadura se haya disuelto. Déjelo reposar durante 10 minutos, o hasta que se empiece a formar espuma.

2 Introduzca la harina en un cuenco grande. Haga un hoyo en el centro, y añada el *ghee* y la sal. A continuación, agregue la mezcla de levadura, y mézclelo todo bien con las manos hasta obtener una masa. Añada más agua si es necesario.

3 Pase la masa a una superficie ligeramente enharinada y amásela unos 5 minutos o hasta que esté suave.

4 Colóquela de nuevo en el cuenco, tápela y déjela fermentar en un lugar cálido, 1½ horas, o hasta que haya doblado su tamaño.

5 Pase la masa a una superficie ligeramente enharinada y amásela unos 2 minutos más. Pellizque pequeñas porciones y aplánelas con las manos hasta formar círculos de

12 cm de diámetro y 1 cm de grosor.

6 Colóquelos sobre papel de aluminio engrasado y tuéstelos bajo el grill precalentado, a temperatura elevada, unos 7-10 minutos, dándoles la vuelta un par de veces. Úntelos con la mantequilla y espolvoréeelos con *kalonji*.

7 Puede servir estos panes de inmediato, o mantenerlos envueltos en papel de aluminio hasta que los necesite.

Chapatis

Para 10-12 unidades

INGREDIENTES

225 g de harina integral (*ata* o harina para *chapatis*)

½ cucharadita de sal

200 ml de agua

1 Ponga la harina en un cuenco grande, añada la sal y mézclalas bien.

2 Haga un hoyo en la parte central y vierta el agua poco a poco, y mézclelo todo bien con los dedos para formar una pasta ligera.

3 Amase la pasta durante 7-10 minutos. Lo ideal sería que la dejara reposar para que fermente entre 15 y 20 minutos, pero, si no dispone de tanto tiempo, divídala en 10-12 porciones iguales, y extienda cada una de ellas con el rodillo, sobre una superficie ligeramente enharinada, para formar redondeles.

4 Caliente una sartén de base gruesa a fuego vivo. Cuando empiece ya a humear, reduzca la temperatura a la posición media.

5 Coloque una *chapati* en la sartén y, cuando empiece a hacer burbujas, déle la vuelta. Presiónela con cuidado con un paño de cocina limpio o con una espátula, y déle la vuelta de nuevo. Retírela de la sartén, y manténgala caliente mientras prepara el resto.

6 Repita la operación hasta haber terminado toda la pasta.

SUGERENCIA

Lo mejor es comer las chapatis a medida que las saque de la sartén, pero, si eso no le resulta práctico, manténgalas calientes envolviéndolas en papel de aluminio. En la India las chapatis a veces se preparan directamente sobre la llama, lo que hace que se hinchen.

Calcule 2 por persona.

Pan ligeramente frito

Para 10 unidades

INGREDIENTES

| 225 g de harina integral (*ata* o harina para *chapatis*) | ½ cucharadita de sal 1 cucharada de *ghee* | 300 ml de agua |

1 Ponga la harina y la sal en un cuenco grande y mézclalas.

2 Haga un hoyo en el centro, añada el *ghee* y mezcle bien con los dedos. Agregue el agua poco a poco y forme una pasta suave. Déjela reposar unos 10-15 minutos.

3 Con cuidado, amásela con las manos unos 5-7 minutos, y después divídala en 10 porciones iguales, listas para ser extendidas con el rodillo.

4 Sobre una superficie un poco enharinada, extienda cada porción de pasta con el rodillo y forme círculos planos.

5 Con un cuchillo afilado, trace unas líneas en forma de rejilla sobre cada porción de pasta.

6 Caliente una sartén de base gruesa. Deposite con cuidado los círculos de pasta, de uno en uno, en la sartén.

7 Cueza el pan 1 minuto, déle la vuelta y úntelo con 1 cucharadita de *ghee*. Vuelva a darle la vuelta y fríalo despacio, moviendo la sartén y despegándolo con una espátula, hasta que esté dorado. Déle la vuelta una vez más, y sáquelo de la sartén. Manténgalo caliente mientras prepara el resto.

SUGERENCIA

En la India los panes se preparan sobre una tava, *la tradicional plancha plana. Una sartén grande es un buen sustituto.*

Puris

Para 10 unidades

INGREDIENTES

225 g de harina integral
(*ata* o harina para
chapatis)

½ cucharadita de sal
150 ml de agua

600 ml de aceite

1 Ponga la harina y la sal en un cuenco grande y mézclalas.

2 Haga un hoyo en el centro y poco a poco agregue el agua. Mézclelo para formar una pasta, añadiendo más agua si fuera necesario.

3 Amásela hasta que esté suave y elástica y déjela reposar en un lugar cálido 15 minutos, para que suba.

4 Divida la masa en 10 porciones iguales y, con las manos ligeramente engrasadas o enharinadas, forme unas bolas.

5 Con el rodillo extienda cada bola de masa sobre una superficie ligeramente engrasada o enharinada, y forme círculos finos.

6 Caliente el aceite en una sartén honda y fría los círculos de masa por tandas, dándoles la vuelta una vez, hasta que estén dorados.

7 Retire los *puris* de la sartén y escúrralos. Sírvalos calientes.

SUGERENCIA

Puede servir los puris *apilados unos sobre otros, o extendidos formando una capa en una fuente de servir para que no se deshinchen.*

SUGERENCIA

Puede preparar los puris *con antelación. Envuélvalos en papel de aluminio y vuelva a calentarlos en el horno durante 10 minutos.*

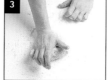

Tentempiés y guarniciones

En la India nos gusta reunirnos con familiares
y amigos sobre las 5 o las 6 de la tarde,
especialmente durante el mes del Ramadán y
después de haber ayunado todo el día, y servir
pequeños refrigerios como los que se describen en
este capítulo. Resultan ideales para cócteles o fiestas,
y algo más interesantes que los habituales cacahuetes
o patatas fritas. Las cantidades básicas están
calculadas para 4 personas, pero pueden aumentarse
según el número de invitados.

Las guarniciones, como la sencilla ensalada de
zanahoria o la raita de menta, siempre aportan
color y variedad a una comida. La mayoría,
aunque requieren poco tiempo de preparación,
resultan deliciosas. No se deben preparar en grandes
cantidades, ya que sólo se toma un poco de cada una
de ellas: ¡la variedad es mejor que la cantidad!

Berenjenas fritas con yogur

Para 4 personas

INGREDIENTES

200 ml de yogur natural
75 ml de agua
1 cucharadita de sal

1 berenjena mediana, cortada
en rodajas
150 ml de aceite

1 cucharadita de semillas de
comino blanco
6 guindillas rojas secas

1 Vierta el yogur en un cuenco y bátalo con un tenedor.

2 Agregue el agua y la sal al yogur y mézclelo bien. Páselo a un bol de servir.

3 Corte la berenjena en rodajas finas con un cuchillo afilado.

4 Caliente el aceite en una sartén grande y fría la berenjena por tandas, a fuego medio, dándole la vuelta de vez en cuando, hasta que se empiece a dorar. Retire la berenjena de la sartén, dispóngala en una fuente de servir, y manténgala caliente.

5 Una vez frita toda la berenjena, baje la temperatura y añada el comino y la guindilla a la sartén. Fríalo durante 1 minuto, removiendo.

6 Esparza algunas cucharadas de yogur sobre la berenjena y luego vierta por encima la mezcla de comino y guindilla. Ahora ya está lista para ser servida inmediatamente.

VARIACIÓN

Si lo prefiere, puede retirar las semillas de las guindillas y picarlas bien finas.

SUGERENCIA

Rico en calcio y proteínas, el yogur es un ingrediente importante de la cocina india. Se utiliza para adobos, como condimento cremoso para los curries y salsas, y como refrescante acompañamiento para platos picantes.

Maíz con especias

Para 4 personas

INGREDIENTES

200 g de maíz, congelado
    o de lata
1 cucharadita de comino
    molido
1 cucharadita de ajo chafado

1 cucharadita de cilantro molido
1 cucharadita de sal
2 guindillas verdes frescas
1 cebolla mediana picada
3 cucharadas de mantequilla

4 guindillas rojas majadas
½ cucharadita de zumo de
    limón
hojas de cilantro fresco,
    picadas, para decorar

1 Descongele o escurra el maíz, y resérvelo.

2 Introduzca el comino molido, el ajo, la sal, el cilantro molido, 1 guindilla verde y la cebolla en un mortero o en una picadora y tritúrelo hasta formar una pasta suave.

3 Caliente la mantequilla (sin sal) en una sartén grande. Pase la mezcla de cebolla y especias a la sartén y fríala a fuego medio, removiendo de vez en cuando, durante 5-7 minutos.

4 Agregue las guindillas rojas majadas y remueva para mezclarlo todo bien.

5 Añádale el maíz y saltéelo todo junto 2 minutos más.

6 Añada el resto de la guindilla verde, el zumo de limón y las hojas de cilantro, removiendo de vez en cuando para mezclar.

7 Disponga el maíz en una fuente de servir, adórnelo con cilantro fresco y sírvalo caliente.

SUGERENCIA

El cilantro se vende molido o en semillas, y es uno de los ingredientes básicos de la cocina india. Las semillas de cilantro se suelen tostar, sin aceite, antes de su utilización, para que liberen todo su sabor.

Pakoras

Para 4 personas

INGREDIENTES

6 cucharadas de harina de
  garbanzo
½ cucharadita de sal
1 cucharadita de guindilla en
  polvo
1 cucharadita de levadura en
  polvo

1½ cucharadita de semillas de
  comino blanco
1 cucharadita de granos de
  granada
300 ml de agua
hojas de cilantro fresco,
  finamente picadas, y un
  poco más para decorar

verduras de su elección:
  coliflor cortada en ramitos
  pequeños, aros de cebolla,
  rodajas de patata, rodajas
  de berenjena u hojas de
  espinacas frescas
aceite, para freír

1 En un cenco grande
  tamice la harina de
garbanzo.

2 Añada la guindilla en
  polvo, la levadura, el
comino, la sal y los granos
de granada, y mézclelo.

3 Agregue el agua y bata
  bien para formar una
pasta suave.

4 Incorpore el cilantro y
  remueva. Deje reposar
la pasta.

5 Reboce las verduras
  que haya escogido
en la pasta, sacudiendo
con suavidad el exceso
de rebozado.

6 Caliente el aceite
  en una sartén de base
gruesa y fría las *pakoras* por
tandas, dándoles la vuelta
una vez.

7 Repita la operación
  y siga friendo más
pakoras hasta que haya
utilizado toda la pasta.

8 Deje escurrir las
  verduras rebozadas
sobre papel de cocina y
sírvalas inmediatamente.

SUGERENCIA

*Para freír, el aceite debe tener
la temperatura adecuada. Si
está demasiado caliente, los
alimentos se queman por
fuera y quedan crudos por
dentro. Si está demasiado
frío, se empapan de aceite y
no quedan crujientes.*

Tortilla al estilo indio

Para 2-4 personas

INGREDIENTES

1 cebollita picada muy fina
2 guindillas verdes, finamente
   picadas

hojas de cilantro fresco,
   finamente picadas
4 huevos medianos

1 cucharadita de sal
2 cucharadas de aceite

1 Introduzca la cebolla, la guindilla y el cilantro en un cuenco grande, y mézclelo, preferiblemente, con las manos.

2 Bata los huevos en un cuenco aparte.

3 Incorpore la mezcla de cebolla a los huevos y remueva bien.

4 Añada sal a la mezcla de huevo y cebolla, y bátala.

5 Caliente 1 cucharada de aceite en una sartén grande y vierta en ella una cucharada de la mezcla.

6 Fría la tortilla, dándole la vuelta una vez y presionándola con una espátula para asegurarse de que el huevo queda bien cocido. Retírela cuando esté dorada.

7 Repita la operación con el resto de la mezcla de huevo y cebolla. Mantenga caliente las tortillas mientras fríe el resto.

8 Sírvalas enseguida acompañadas de unas *paratas* (véase pág. 174) o pan tostado. También puede servirlas con una ensalada verde, si prefiere un almuerzo ligero.

SUGERENCIA

Los cocineros indios utilizan una gran variedad de grasas vegetales; los aceites de cacahuete o girasol combinan con la mayoría de los platos, aunque a veces ciertas recetas precisan algún aceite más específico, como el de coco, mostaza o sésamo.

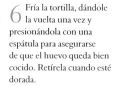

Samosas

Para 10-12 unidades

INGREDIENTES

PASTA:

100 g de harina de fuerza

½ cucharadita de sal

40 g de mantequilla, cortada en dados pequeños

4 cucharadas de agua

RELLENO:

3 patatas medianas hervidas

1 cucharadita de jengibre fresco, finamente picado

1 cucharadita de ajo chafado

½ cucharadita de semillas de comino blanco

1 cucharadita de sal

½ cucharadita de mezcla de *kalonji* y semillas de mostaza

½ cucharadita de guindillas rojas majadas

2 cucharadas de zumo de limón

2 guindillas verdes pequeñas, finamente picadas

ghee o aceite, para freir

1 Tamice la harina y la sal en un cuenco grande. Añada la mantequilla y mezcle la pasta con las manos hasta que tenga la consistencia del pan rallado.

2 Añada el agua y mezcle con un tenedor hasta formar una pasta. Forme después una bola y amásela 5 minutos, hasta que esté suave. Añada harina si la pasta estuviera pegajosa. Tápela y deje que suba.

3 Para el relleno, triture la patata hervida y mézclela con el jengibre, el ajo, el comino blanco, el *kalonji* y la mostaza, la sal, el zumo de limón y las guindillas.

4 Pellizque bolitas de pasta y extiéndalas con el rodillo para obtener círculos muy finos. Córtelos por la mitad, humedezca los bordes y forme cucuruchos. Rellénelos con un poco de mezcla de patata,

humedezca los extremos y presiónelos para sellarlos. Resérvelos.

5 Llene un tercio de una cazuela o sartén honda con aceite, luego caliéntelo a 180-190 ºC y fría con cuidado las samosas por tandas, hasta que estén bien doradas. Retírelas de la sartén y déjelas escurrir sobre papel absorbente. Puede servirlas tanto frías como calientes.

Tapa de garbanzos

Para 2-4 personas

INGREDIENTES

1 tarro de 400 g de garbanzos
2 patatas medianas
1 cebolla mediana
2 cucharadas de pulpa de
  tamarindo

6 cucharadas de agua
1 cucharadita de guindilla en
  polvo
2 cucharaditas de azúcar
1 cucharadita de sal

PARA DECORAR:
1 tomate cortado en rodajas
2 guindillas verdes frescas,
  picadas
hojas de cilantro fresco

1 Deposite los garbanzos escurridos en un cuenco.

2 Corte las patatas en dados, con un cuchillo afilado.

3 Hierva las patatas en una cazuela con agua. Pruebe si están cocidas pinchándolas con la punta de un cuchillo. Resérvelas hasta que las necesite.

4 Con un cuchillo bien afilado, pique la cebolla muy fina. Resérvela hasta que la necesite.

5 Mezcle la pulpa de tamarindo con el agua en un bol pequeño.

6 Añada la guindilla en polvo, el azúcar y la sal a la pasta de tamarindo y mézclelo bien. Vierta la mezcla sobre los garbanzos.

7 Agregue la cebolla y la patata cortada en dados y remueva para que los ingredientes queden bien mezclados. Sazone al gusto con un poco de sal.

8 Pase los garbanzos a un cuenco de servir

y adórnelos con el tomate, la guindilla y el cilantro.

SUGERENCIA

Los garbanzos, de color amarillento y forma de avellana, tienen un sabor parecido al del fruto seco y una textura ligeramente crujiente. Los cocineros indios suelen molerlos para obtener la harina de garbanzo o besan, que utilizan para hacer pan, espesar salsas y preparar pastas para rebozados.

2

4

6

Buñuelos con yogur y masala

Para 4 personas

INGREDIENTES

200 g de *urid dahl* en polvo
1 cucharadita de levadura en
  polvo
½ cucharadita de jengibre
  molido
700 ml de agua
aceite para freir

400 ml de yogur natural
75 g de azúcar

MASALA:
50 g de cilantro molido
50 g de comino blanco molido

25 g de guindillas rojas
  majadas
100 g de ácido cítrico
guindillas rojas picadas, para
  adornar

1 Vierta el *urid dahl* en polvo en un cuenco grande, añada la levadura y el jengibre molido y remueva. Agregue 300 ml de agua y mézclelo todo bien para formar una pasta.

2 Caliente el aceite en una cazuela o sartén honda, vierta cucharaditas de pasta en el aceite, y fría los buñuelos hasta que estén dorados, bajando el fuego cuando el aceite esté demasiado caliente. Reserve los buñuelos.

3 Vierta el yogur en un bol aparte. Añada 400 ml de agua y el azúcar, y bátalo con unas varillas o un tenedor. Resérvelo.

4 Para preparar la *masala*, tueste el cilantro molido y el comino blanco en una sartén hasta que adquieran un color más oscuro. Píquelos gruesos en una picadora, o a mano en un mortero. Añada las guindillas rojas majadas y el ácido cítrico y mézclelo todo bien.

5 Espolvoree los buñuelos con 1 cucharada de *masala* y adórnelos con la guindilla roja picada. Sírvalos con la mezcla de yogur reservada.

SUGERENCIA

La masala para los buñuelos se suele preparar en cantidades abundantes ya que luego se puede guardar en un recipiente hermético.

Sémola con especias

Para 4 personas

INGREDIENTES

150 ml de aceite
1 cucharadita de mezcla de
   kalonji y semillas de
   mostaza

4 guindillas rojas secas
4 hojas de curry (*mitha neem*),
   frescas o secas
8 cucharadas de sémola gruesa

50 g de anacardos
1 cucharadita de sal
150 ml de agua

1 Caliente el aceite en una sartén grande de base gruesa.

2 Añada el *kalonji* y las semillas de mostaza, la guindilla roja seca y las hojas de curry y sofríalo durante 1 minuto, sin dejar de remover.

3 Reduzca la temperatura, incorpore la sémola y los anacardos a la mezcla y sofríalo rápidamente unos 5 minutos, removiendo constantemente para evitar que se pegue al fondo de la sartén.

4 Añada la sal y siga sofriendo, sin dejar de remover.

5 Agregue el agua y cuézalo, sin dejar de remover, hasta que la mezcla se empiece a espesar.

6 Sirva la sémola caliente, como refrigerio para la hora del té.

SUGERENCIA

Las cantidades indicadas en la receta son para 4 personas, pero puede aumentarlas según el número de invitados.

SUGERENCIA

Las hojas de curry o mitha neem *tienen un aspecto parecido a las de laurel, pero su sabor es muy distinto. Puede comprarlas frescas o secas. Se usan básicamente para condimentar platos de lentejas y curries vegetales.*

Fruta agridulce

Para 4 personas

INGREDIENTES

1 lata de 400 g de macedonia	1 cucharadita de pimienta	½ cucharadita de jengibre
1 lata de 400 g de guayaba	negra molida	molido
2 plátanos grandes	1 cucharadita de sal	hojas de menta fresca, para
3 manzanas	2 cucharadas de zumo de limón	decorar

1 Escurra la macedonia e introduzca la fruta en un cuenco grande.

2 Mezcle la macedonia con la guayaba y su jugo.

3 Pele los plátanos y córtelos en rodajas.

4 Pele las manzanas, quíteles el corazón (opcional) y córtelas en dados.

5 Añada la fruta fresca a la envasada, y remueva bien para que quede bien mezclada.

6 Añada la pimienta negra, la sal, el zumo de limón y el jengibre, y remueva bien.

7 Sírvala como refrigerio, adornada con unas hojitas de menta fresca.

SUGERENCIA

En esta receta, el zumo de limón se utiliza para añadir un sabor ácido al plato, pero además, previene que el plátano y la manzana adquieran un tono oscuro cuando se exponen al aire.

SUGERENCIA

El jengibre es una de las especias más populares de la India y también una de las más antiguas. Se puede adquirir fresco en la mayoría de los supermercados grandes. Siempre hay que pelarlo antes de utilizarlo, y se puede picar fino o triturar. Resulta útil tener un tarro de jengibre molido en la despensa.

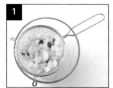

Arroz con frutos secos y pasas

Para 4 personas

INGREDIENTES

50 g de *chana dahl*	200 g de *parva* (copos de	2 cucharaditas de sal
300 ml de aceite	arroz)	2 cucharaditas de guindilla en
2 cucharaditas de *kalonji*	2 cucharadas de cacahuetes	polvo
6 hojas de curry (*mitha*	25 g de pasas	50 g de *sev* (opcional)
neem)	75 g de azúcar	

1 Lave el *chana dahl* y déjelo en remojo en un cuenco con agua, como mínimo 3 horas.

2 Caliente el aceite en una sartén y fría las hojas de curry y el *kalonji*, sin dejar de remover, hasta que el *kalonji* esté crujiente y dorado.

3 Añada el *parva* a la mezcla y fríalo hasta que esté crujiente y dorado, procurando no quemarlo.

4 Retire la mezcla de la sartén y déjela escurrir sobre papel absorbente para eliminar el exceso de aceite.

5 Fría los cacahuetes en el resto del aceite, removiendo.

6 Añada los cacahuetes a la mezcla de copos de arroz, y remueva bien.

7 Agregue las pasas, el azúcar, la guindilla en polvo y la sal, y mézclelo. Añada el *sev* (si lo utiliza). Pase la mezcla a una fuente.

8 Recaliente el aceite que queda en la sartén y fría

las lentejas remojadas hasta que estén doradas. Añádalas a los ingredientes de la fuente y mézclelo bien.

9 Puede consumir este plato al momento, o guardarlo en un recipiente hermético hasta que lo necesite.

SUGERENCIA

El sev son unos palitos muy finos de harina de arroz que se pueden adquirir en colmados indios y paquistaníes.

Rombos de pasta fritos

Para 4 personas

INGREDIENTES

150 g de harina	$^1/_2$ cucharadita de sal	100 ml de agua
1 cucharadita de levadura en polvo	1 cucharada de semillas de comino negro	300 ml de aceite

1 Vierta la harina en un cuenco grande.

2 Añada la levadura en polvo, el comino negro y la sal, y remueva bien para mezclarlo.

3 Agregue el agua a los ingredientes secos y remueva hasta obtener una pasta suave y elástica.

4 Extienda la pasta con un rodillo sobre una superficie de trabajo limpia, hasta que tenga un grosor de unos 6 mm.

5 Con un cuchillo afilado recorte formas romboidales de la pasta. Vuelva a extender el resto de la masa y siga recortando rombos hasta utilizarla toda.

6 Caliente el aceite en una sartén grande a 180-190 °C, o hasta que un dado de pan se dore en unos 30 segundos.

7 Con cuidado, deposite los rombos de pasta en el aceite, y fríalos por tandas hasta que estén dorados.

8 Retire las pastas con una espumadera y déjelas escurrir sobre papel absorbente. Sírvalas con un *dahl* para mojar o guárdelas hasta que las necesite.

SUGERENCIA

Esta receta lleva semillas de comino negro por su intenso y aromático sabor. No pueden ser sustituidas por semillas de comino blanco.

Ensalada caliente

Para 4 personas

INGREDIENTES

½ coliflor de tamaño medio	½ pepino	sal y pimienta
1 pimiento verde	4 zanahorias	
1 pimiento rojo	2 cucharadas de mantequilla	

1 Lave la coliflor, y córtela en ramitos pequeños con un cuchillo afilado.

2 Corte los pimientos en tiras delgadas.

3 Corte el pepino en rodajitas finas.

4 Pele las zanahorias y córtelas en rodajitas.

5 Derrita la mantequilla en una sartén grande, removiendo para evitar que se queme.

6 Añada la coliflor, los pimientos, el pepino y la zanahoria y saltéelo unos 5-7 minutos. Salpimente al gusto, tape la sartén, baje la temperatura y déjelo cocer 3 minutos.

7 Pase las verduras a una fuente, remueva para que queden bien mezcladas y sírvalas inmediatamente.

VARIACIÓN

Puede sustituir las verduras indicadas en esta receta por otras que usted prefiera.

SUGERENCIA

En la India se pueden comprar tentempiés y refrigerios en los puestecitos callejeros, pero en otros países se deben buscar en colmados indios o paquistaníes. Por supuesto, los caseros saben mucho mejor.

Ensalada refrescante de pepino

Para 4 personas

INGREDIENTES

225 g de pepino
1 guindilla verde (opcional)
hojas de cilantro fresco,
    finamente picadas

2 cucharadas de zumo de
    limón
½ cucharadita de sal
1 cucharadita de azúcar

hojas de menta fresca y tiras
    de pimiento rojo, para
    decorar

1 Corte el pepino en rodajitas muy finas con un cuchillo afilado. Disponga las rodajas en una ensaladera.

2 Pique la guindilla verde, si la utiliza.

3 Espolvoree la guindilla picada sobre el pepino.

4 Para el aliño ponga las hojas de cilantro picadas, el zumo de limón, la sal y el azúcar en un bol, mézclelo bien y reserve.

5 Deje enfriar el pepino en la nevera como mínimo 1 hora, o hasta que lo necesite.

6 Pase el pepino a una fuente de servir.

7 Vierta el aliño sobre el pepino y adórnelo con las hojas de menta y las tiras de pimiento.

SUGERENCIA

Para conservar el cilantro fresco, sumerja las raíces en un vaso de agua, y guárdelo en un lugar fresco hasta 4 días.

SUGERENCIA

El sabor picante de los platos indios procede en gran parte de las guindillas verdes frescas, aunque también se utilizan con frecuencia las rojas secas y molidas. En el sur del país, con sus altas temperaturas, se utilizan mucho, porque hacen transpirar y eso tiene un efecto refrescante. En la India se cultivan numerosas variedades de guindillas. En general, cuanto más pequeña es, más picante resulta. Las frescas se conservan unos 5 días en la nevera.

Ensalada de garbanzos

Para 4 personas

INGREDIENTES

1 tarro de 400 g de garbanzos
4 zanahorias
1 manojo de cebolletas
1 pepino mediano
½ cucharadita de sal

½ cucharadita de pimienta
3 cucharadas de zumo de
    limón
1 pimiento rojo

1 Escurra los garbanzos
y páselos a una
ensaladera grande.

2 Pele las zanahorias
con un cuchillo afilado
y córtelas a tiras.

3 Corte las cebolletas
en trocitos pequeños
y uniformes.

4 Corte el pepino en
dados gruesos.

5 Añada la zanahoria,
la cebolleta y el pepino
a los garbanzos, y mézclelo
todo bien.

6 Salpiméntelo y rocíelo
con el zumo de limón.

7 Remueva con cuidado
los ingredientes de la
ensalada, ayudándose con
un par de cucharas grandes.

8 Corte el pimiento
en tiras finas con
un cuchillo afilado.

9 Disponga las tiras
de pimiento sobre la
ensalada de garbanzos, y
sírvala inmediatamente.
También puede enfriarla
en la nevera y servirla
cuando lo precise.

SUGERENCIA

*Utilizamos garbanzos
envasados en lugar de secos
para acelerar el tiempo de
preparación.*

Raitas

Para 4 personas

INGREDIENTES

RAITA DE MENTA:

200 ml de yogur natural

50 ml de agua

1 cebolla pequeña, finamente
picada

½ cucharadita de salsa de
menta

½ cucharadita de sal

3 hojas de menta fresca, para
adornar

RAITA DE PEPINO:

225 g de pepino

1 cebolla mediana

½ cucharadita de sal

½ cucharadita de salsa de
menta

300 ml de yogur natural

150 ml de agua

hojas de menta fresca, picadas,
para decorar

RAITA DE BERENJENA:

1 berenjena mediana

1 cucharadita de sal

1 cebolla pequeña, finamente
picada

2 guindillas verdes, finamente
picadas

200 ml de yogur natural

3 cucharadas de agua

1 Para preparar la *raita* de menta, ponga el yogur en un cuenco y bátalo con un tenedor. Añada el agua gradualmente, batiendo bien. Incorpore la cebolla, la salsa de menta y la sal, y mézclelo. Adórnela con las hojas de menta fresca.

2 Para preparar la *raita* de pepino, pele y corte el pepino en rodajas. Con un cuchillo afilado pique la cebolla bien fina. Ponga el pepino y la cebolla en un cuenco grande, y después añada la sal y la salsa de menta. Agregue el yogur y el agua, ponga la mezcla en una licuadora y bátala bien. Pásela a un cuenco de servir y adórnela con unas cuantas hojas de menta fresca.

3 Para preparar la *raita* de berenjena lave la berenjena y deseche el extremo superior. Pique el resto en trocitos pequeños y hiérvalos en un cazo con agua hasta que estén tiernos. Escúrralos bien y prepare un puré. Pase el puré a un cuenco de servir, añada la sal, la cebolla y la guindilla verde, y mézclelo todo bien. Bata el yogur con el agua en un bol aparte y viértalo sobre la mezcla de berenjena. Mezcle todos los ingredientes y sirva la *raita*.

Chutney de mango

Para 4 personas

INGREDIENTES

1 kg de mangos frescos
4 cucharadas de sal
600 ml de agua
450 g de azúcar
450 ml de vinagre

2 cucharaditas de jengibre
  fresco, finamente picado
2 cucharaditas de ajo chafado
2 cucharaditas de guindilla en
  polvo

2 ramitas de canela
75 g de pasas
100 g de dátiles deshuesados

1 Pele los mangos, pártalos por la mitad y retire el hueso. Córtelos en dados y póngalos en un cuenco grande. Añada la sal y el agua, y déjelos reposar toda la noche. Escurra el líquido y resérvelos.

2 Lleve el azúcar y el vinagre a ebullición, en un cazo grande, a fuego suave, removiendo.

3 Añada el mando despacio, removiendo para que quede recubierto con la mezcla de azúcar y vinagre.

4 Añada el jengibre, la canela, las pasas, el ajo, la guindilla en polvo y los dátiles, removiendo hasta que hierva de nuevo. Baje el fuego y déjelo 1 hora o hasta que la mezcla se espese. Retire el *chutney* del fuego y déjelo enfriar.

5 Retire y deseche las ramitas de canela.

6 Vierta el *chutney* en tarros secos y limpios con tapón de rosca. Guárdelos en un lugar fresco para que los sabores acaben de madurar.

SUGERENCIA

Cuando compre mangos, escoja los que tengan un tono brillante y una piel sin manchas. Para comprobar si están maduros, sosténgalos en la mano y apriételos con suavidad: si ceden un poco, es que están listos para comer.

Chutney de sésamo

Para 4 personas

INGREDIENTES

8 cucharadas de semillas de
   sésamo
2 cucharadas de agua

½ manojo de cilantro fresco
3 guindillas verdes frescas,
   picadas

1 cucharadita de sal
2 cucharaditas de zumo de limón
guindilla roja picada, para adornar

1 Ponga las semillas de
sésamo en un cazo
grande de base gruesa y
tuéstelas.

2 Deje que se enfríen.

3 Cuando se hayan
enfriado, introdúzcalas
en una picadora o mortero
y tritúrelas hasta obtener
un polvo fino.

4 Agregue el agua y
mezcle para formar
una pasta suave.

5 Con un cuchillo
afilado, pique el
cilantro bien fino.

6 Añada la guindilla y
el cilantro a la pasta de
sésamo y vuelva a triturarla.

7 Agregue la sal y el
zumo de limón y
triture de nuevo.

8 Retire la mezcla de la
picadora o del mortero.
Pásela a una fuente de servir
y decórela.

SUGERENCIA

*Si lava la cebolla cruda
con agua, suavizará su sabor
tan intenso.*

SUGERENCIA

*Tostamos las especias secas
sin ningún tipo de grasa,
porque es así como liberan
más sabor y después aportan
un aroma más sutil a los
platos con los que se cocinan.
Se tarda sólo unos minutos
en tostarlas. Se sabe
cuándo están tostadas por
el maravilloso aroma que
desprenden. No deje de
removerlas mientras las
tuesta y no quite la vista de
la sartén, porque pueden
quemarse en un santiamén.*

Chutney de tamarindo

Para 4–6 personas

INGREDIENTES

2 cucharadas de pulpa de
   tamarindo
5 cucharadas de agua
1 cucharadita de guindilla en
   polvo

½ cucharadita de jengibre
   molido
½ cucharadita de sal
1 cucharadita de azúcar

hojas de cilantro fresco,
   finamente picadas, para
   decorar

1 Ponga la pulpa de tamarindo a un cuenco grande.

2 Añada el agua poco a poco, batiéndola con suavidad con un tenedor, para formar una pasta suave y fluida.

3 Incorpore la guindilla en polvo y el jengibre a la mezcla, y remueva bien.

4 Añada la sal y el azúcar, y siga removiendo.

5 Pase el *chutney* a un recipiente para servir, y adórnelo con las hojas de cilantro.

SUGERENCIA

La guindilla en polvo o cayena en polvo es muy picante y, por tanto, hay que utilizarla con discreción.

SUGERENCIA

En la India se suele dar un toque ácido a los platos de verduras añadiéndoles tamarindo. Se trata de la pulpa semiseca y compactada del fruto del tamarindo. Se puede comprar en barras en colmados indios y orientales. Guárdelas en una bolsa de plástico bien cerrada o en un recipiente hermético. También resulta muy práctico tener un frasco de pasta de tamarindo en la despensa.

Postres

Las comidas indias acaban con algo dulce,
igual que en Occidente. Los postres indios
son suculentos y muy dulces, por lo tanto, es
aconsejable ofrecer también fruta fresca,
como mango, guayaba o melón. Es mejor
servirla fría, especialmente en verano.

En la India algunos postres, como el pudín
indio de pan, el postre de zanahoria o los
fideos dulces, se sirven sólo en ocasiones
especiales, por ejemplo para celebrar alguna
fiesta religiosa. En este capítulo he
incluido algunos postres sencillos, como el arroz
con leche indio, y otros más sofisticados.
No dude en probarlos, ya que en mi opinión hay
muy pocos restaurantes indios en Occidente que
ofrezcan buenos postres. Ya verá cómo serán un
gran descubrimiento para sus invitados,
¡una sorpresa realmente muy agradable!

Coca de almendras

Para 6-8 personas

INGREDIENTES

3 huevos medianos
75 g de almendras molidas
200 g de leche en polvo
200 g de azúcar

½ cucharadita de hebras de
azafrán
100 g de mantequilla sin sal

25 g de almendras fileteadas

1 Bata los huevos en un cuenco y resérvelos.

2 Mezcle la almendra molida con la leche en polvo, el azúcar y el azafrán en un cuenco grande.

3 Derrita la mantequilla en un cuenco pequeño.

4 Vierta la mantequilla derretida sobre los ingredientes secos y, con un tenedor, mézclelo todo.

5 Agregue los huevos batidos a la mezcla de almendra y remueva bien.

6 Extienda la pasta sobre una fuente refractaria redonda y poco honda de unos 15-20 cm de diámetro e introdúzcala en el horno precalentado a 160 °C. Manténgala en el horno durante 45 minutos. Pasado este tiempo, compruebe si la coca está lista. Para ello, utilice la punta de un cuchillo o un pincho de cocina: si sale limpio, es que ya está cocida.

7 Una vez que se haya enfriado un poco, corte la coca de almendra en porciones iguales.

8 Decore las porciones con las almendras fileteadas y páselas a una fuente de servir. Puede servirse fría o caliente.

SUGERENCIA

Esta coca se suele comer caliente, aunque también puede servirse fría. Puede prepararla con anterioridad y calentarla. También puede congelarla.

Postre de boniato

Para 8–10 personas

INGREDIENTES

1 kg de boniatos
850 ml de leche
175 g de azúcar

unas cuantas almendras
picadas, para decorar

1 Pele los boniatos con un cuchillo afilado. Lávelos y córtelos en rodajas.

2 Introduzca las rodajas de boniato en una cazuela, cúbralas con unos 600 ml de leche y cuézalas a fuego lento, hasta que el boniato esté tierno y se pueda preparar un puré.

3 Retire el boniato del fuego y tritúrelo bien hasta que no quede ningún grumo.

4 Añada el azúcar y los 250 ml de leche restantes, y con cuidado vaya removiendo para que los ingredientes queden bien mezclados.

5 Ponga de nuevo la cazuela al fuego y cueza a temperatura baja hasta que el puré de boniato empiece a espesar (deberá tener una consistencia similar a una crema de pollo).

6 Vierta el puré en un cuenco de servir.

7 Decore el postre con la almendra picada y sírvalo caliente.

SUGERENCIA

Los boniatos son más largos que una patata, de piel rosada o amarillenta y carne amarilla o blanca.

Gulab jamun

Para 6-8 personas

INGREDIENTES

5 cucharadas de leche entera en polvo
1½ cucharada de harina
1½ de mantequilla sin sal
1 cucharadita de levadura en polvo
1 huevo mediano

1 cucharadita de leche para mezclar (si es necesaria)
10 cucharadas de *ghee* puro o vegetal

ALMÍBAR:
750 ml de agua

8 cucharadas de azúcar
2 vainas de cardamomo verdes, peladas y con las semillas majadas
1 buen pellizco de hebras de azafrán
2 cucharadas de agua de rosas

1 Ponga la leche en polvo, la harina y la levadura en un cuenco.

2 Derrita la mantequilla en un cazo, sin dejar de remover.

3 Bata el huevo en un bol. Añada el huevo batido y la mantequilla a los ingredientes secos. Bátalos con una cuchara de madera (añada la cucharadita extra de leche en este punto, si fuera necesario), hasta formar una masa suave.

4 Divida la masa en unas 12 partes iguales y forme con ella bolitas pequeñas y lisas trabajando con las manos.

5 Caliente el *ghee* en una sartén honda, baje la temperatura y empiece a freír las bolitas de masa, por tandas de unas 3-4 cada vez, agitándolas y dándoles la vuelta con suavidad con una espumadera, hasta que adquieran un tono dorado. Retírelas de la sartén y resérvelas en un cuenco.

6 Para el almíbar, hierva el agua con el azúcar unos 7-10 minutos. Añada las semillas majadas de cardamomo y el azafrán, y a continuación viértalo sobre las bolitas dulces.

7 Rocíe el dulce con las 2 cucharaditas de agua de rosas y déjelo reposar unos 10 minutos, para que absorba parte del almíbar. Puede servir los *gulab jamuns* fríos o calientes.

Arroz con leche

Para 8-10 personas

INGREDIENTES

75 g de arroz *basmati*
1,2 litros de leche

8 cucharadas de azúcar

vark (pan de plata) o pistachos
picados, para decorar

1 Lave el arroz y viértalo en una cazuela. Añada 600 ml de leche y llévelo a ebullición a fuego muy lento. Déjelo cocer hasta que la leche haya sido totalmente absorbida por el arroz, removiendo de vez en cuando.

2 Retire la cazuela del fuego. Triture el arroz en la misma cazuela, con movimientos rápidos y circulares, como mínimo durante 5 minutos, hasta haber eliminado los grumos.

3 Ponga de nuevo la cazuela al fuego y añada despacio el resto de la leche. Llévela a ebullición a fuego lento y remueva de vez en cuando.

4 Agregue el azúcar y siga cociéndolo, sin dejar de remover, durante unos 7-10 minutos más, o hasta que tenga una consistencia bastante espesa.

5 Disponga el arroz con leche en un cuenco de servir que resista el calor. Puede decorarlo con *vark* (pan de plata) o con unos pistachos picados, y servirlo solo o acompañado con *puris* (véase pág. 236).

SUGERENCIA

El vark es plata comestible que en se utiliza en la India en ocasiones muy especiales. Se trata de plata pura que ha sido batida hasta obtener unas láminas finísimas llamadas pan. Se vende pegada a un trozo de papel, que se saca después de poner el vark sobre los alimentos. Es muy delicado y hay que manipularlo con mucho cuidado. Puede adquirirse en tiendas de alimentación india, y como es plata pura, se debe guardar en una bolsa o caja hermética para que no se ennegrezca.

Postre de pistacho

Para 4-6 personas

INGREDIENTES

850 ml de agua
250 g de pistachos
250 g de leche entera en polvo
450 g de azúcar

2 vainas de cardamomo, con
    las semillas majadas
2 cucharadas de agua de rosas

unas cuantas hebras de
    azafrán
hojas de menta fresca, para
    decorar

1 Hierva 600 ml de agua en un cazo. Retire el cazo del fuego y ponga los pistachos en remojo unos 5 minutos. Escúrralos y quíteles la piel.

2 Muela los pistachos en una picadora o en el mortero.

3 Agregue la leche en polvo a los pistachos molidos y mézclelo bien.

4 Para hacer el almíbar, ponga el agua restante con el azúcar en un cazo y caliéntelo a fuego lento. Cuando el líquido empiece a espesarse, agregue el cardamomo, el agua de rosas y el azafrán.

5 Mezcle el almíbar con los ingredientes secos y déjelo cocer 5 minutos, removiendo, hasta que la mezcla se espese. Retírelo del fuego y espere a que se enfríe un poco.

6 Una vez que se haya enfriado lo suficiente, vaya preparando bolitas con la pasta de pistachos.

Decórelas con unas hojitas de menta fresca y déjelas reposar antes de servirlas.

SUGERENCIA

Es mejor comprar los pistachos enteros y molerlos en casa que comprar un paquete de pistachos ya molidos. Los frutos secos recién molidos saben mejor, ya que al molerlos liberan sus aceites naturales.

Puris rellenos con halva de chana dahl

Para 10 unidades

INGREDIENTES

PURIS:

200 g de sémola gruesa

100 g de harina

½ cucharadita de sal

1½ cucharada de *ghee*, y un
poco más para freir

150 ml de leche

RELLENO:

8 cucharadas de *chana dahl*

850 ml de agua

5 cucharadas de *ghee*

2 vainas de cardamomo
verdes, peladas

4 clavos

8 cucharadas de azúcar

2 cucharadas de almendras
molidas

½ cucharadita de hebras de
azafrán

50 g de pasas sultanas

1 Para los *puris,* mezcle
la sémola, la harina y la
sal en un cuenco. Añada el
ghee y trabaje la masa con las
manos. Agregue la leche y
mezcle hasta obtener una
pasta. Amásela 5 minutos,
tápela y déjela subir
3 horas. Amásela de nuevo
unos 15 minutos sobre una
superficie enharinada.

2 Extienda la masa con
el rodillo, divídala en
10 partes y haga un círculo
de 12,5 cm con cada una.

3 Para el relleno, deje el
chana dahl en remojo
3 horas. Hiérvalo a fuego
medio hasta que toda el
agua se haya evaporado
y el *dahl* esté tierno para
triturarlo y hacer una pasta.

4 En un cazo, caliente el
ghee y añada el clavo y el
cardamomo. Baje el fuego,
añada la pasta de *chana dahl*
y remueva 5-7 minutos.

5 Añada el azúcar y las
almendras y remueva

10 minutos. Incorpore las
pasas y el azafrán, y mezcle
hasta que se espese.

6 Esparza relleno sobre
la mitad de cada
círculo. Humedezca los
bordes con agua y doble la
otra mitad por encima,
para sellarlos.

7 Fríalos en el *ghee*, a
fuego suave, hasta que
estén dorados. Escúrralos
sobre papel absorbente y
sírvalos.

Pudín indio de pan

Para 4–6 personas

INGREDIENTES

6 rebanadas medianas de pan de molde	3 semillas de cardamomo verdes, sin vaina	PARA DECORAR:
5 cucharadas de *ghee* (preferiblemente puro)	600 ml de leche	almendras picadas
10 cucharadas de azúcar	175 ml de leche evaporada o *khoya* (véase sugerencia)	2 hojas de *vark* (pan de plata) (opcional)
300 ml de agua	½ cucharadita de hebras de azafrán	

1 Corte las rebanadas de pan en cuartos.

2 Caliente el *ghee* en una sartén y fría el pan, dándole la vuelta una vez, hasta que esté dorado y crujiente.

3 Coloque el pan frito en el fondo de una fuente refractaria, y resérvelo.

4 Para el almíbar, hierva el azúcar, el agua y las semillas de cardamomo en un cazo hasta que espese.

5 Vierta el almíbar sobre el pan frito.

6 En un cazo aparte, lleve a ebullición la leche, el azafrán, y la leche evaporada o el *khoya* (véase sugerencia) a fuego suave, hasta que se haya reducido a la mitad.

7 Vierta la leche sobre el pan recubierto de almíbar.

8 Decore el plato con almendras picadas y *vark* (si lo utiliza). Puede servir el pudín con o sin nata líquida.

SUGERENCIA

Para hacer el khoya *hierva 900 ml de leche en un cazo grande, vigilando que no se queme. Reduzca el fuego y cuézalo 35-40 minutos, removiendo ocasionalmente. La leche debería reducirse a un cuarto de su volumen original y, una vez esté listo, el* khoya *debería tener un aspecto de masa pegajosa.*

Sorbete de almendras

Para 2 personas

INGREDIENTES

225 g de almendras enteras	300 ml de leche
2 cucharadas de azúcar	300 ml de agua

1 Deje las almendras en remojo en un cuenco con agua toda la noche o como mínimo 3 horas.

2 Con un cuchillo afilado pique las almendras en pequeños trozos. Tritúrelas en una picadora o mortero hasta obtener una pasta fina.

3 Añada el azúcar a la pasta de almendras y tritúrelas de nuevo.

4 Agregue la leche y el agua y mezcle bien todos los ingredientes (mejor en una licuadora, si dispone de ella).

5 Vierta el sorbete de almendra en un cuenco grande de servir.

6 Deje congelar el sorbete en la nevera durante 30 minutos. Remuévelo justo antes de servirlo.

SUGERENCIA

En la India, los sorbetes helados como éste se sirven en ocasiones especiales, como para celebrar alguna fiesta religiosa. Deben servirse con la mejor vajilla y cubiertos, y decorarse con vark, el pan de plata u oro comestible.

SUGERENCIA

Para ahorrar tiempo, puede triturar las almendras con un molinillo de café eléctrico o uno específico para especias. Si utiliza el de café, recuerde que tiene que limpiarlo bien después de moler las almendras, ¡si no, su café sabrá un poco raro después! Molerlas manualmente en el mortero requiere mucho más tiempo, y no es aconsejable si prepara cierta cantidad.

Dulce de coco

Para 4–6 personas

INGREDIENTES

75 g de mantequilla
200 g de coco seco rallado

175 ml de leche condensada

unas gotas de colorante
alimentario rosa (opcional)

1 Derrita la mantequilla a fuego suave en un cazo de base gruesa, sin dejar de remover para que no se queme ni se pegue al fondo.

2 Añada el coco a la mantequilla, removiendo.

3 Añada la leche y el colorante rosa y no deje de remover durante 7-10 minutos.

4 Retire el cazo del fuego y deje que la mezcla se enfríe un poco.

5 Una vez fría como para manipularla, prepare piezas alargadas con la mezcla y córtelas en rectángulos iguales. Deje reposar el dulce durante 1 hora, para que se cuaje, y después sírvalo.

VARIACIÓN

Si lo prefiere, puede dividir la mezcla de coco en el paso 2 y añadir el colorante rosa sólo a una mitad. De esta manera obtendrá una atractiva combinación de dulces blancos y rosados.

SUGERENCIA

El coco es un ingrediente habitual de la cocina india, con el que se da sabor y cremosidad a muchos platos. El mejor sabor es el del coco recién rallado, aunque el seco rallado, como el que usamos en esta receta, es un sustituto excelente. El coco acabado de rallar se puede congelar sin problema, así que merece la pena preparar un poco el día que disponga de tiempo.

Postre de sémola

Para 4 personas

INGREDIENTES

6 cucharadas de *ghee* puro

3 clavos enteros

3 vainas de cardamomo enteras

8 cucharadas de sémola gruesa

½ cucharadita de azafrán

50 g de sultanas

10 cucharadas de azúcar

300 ml de agua

300 ml de leche

nata líquida, para servir

PARA DECORAR:

25 g de coco seco rallado tostado

25 g de almendras picadas

25 g de pistachos, dejados en remojo y picados (opcional)

1 Ponga el *ghee* en un cazo y derrítalo a fuego moderado.

2 Añada el clavo y el cardamomo al *ghee* derretido, y reduzca la temperatura, removiendo para que quede mezclado.

3 Incorpore la sémola a la mezcla de especias, y sofríala hasta que adquiera un tono más oscuro.

4 Añada el azafrán, las sultanas y el azúcar, removiéndolo todo bien.

5 Vierta el agua y la leche, y remueva la mezcla constantemente, hasta que la sémola se haya ablandado. Si lo cree necesario, puede añadir un poco más de agua.

6 Retire el cazo del fuego y pase la sémola a una fuente de servir.

7 Decore el postre con el coco rallado y las almendras y los pistachos picados. Sírvalo rociado con un poquito de nata líquida por encima.

SUGERENCIA

El clavo aporta sabor y aroma a platos dulces y salados, pero hay que utilizarlo con discreción.

Postre de zanahoria

Para 4-6 personas

INGREDIENTES

1,5 kg de zanahorias
10 cucharadas de *ghee*
600 ml de leche
175 ml de leche evaporada o
    khoya (véase pág. 238)

10 vainas de cardamomo
    enteras, peladas y majadas
8-10 cucharadas de azúcar

PARA DECORAR:
25 g de pistachos picados
2 hojas de *vark* (pan de plata)
    (opcional)

1 Lave las zanahorias, pélelas y rállelas.

2 Caliente el *ghee* en una sartén grande de base gruesa.

3 Añada la zanahoria rallada al *ghee* y luego rehóguela 15-20 minutos, o hasta que se haya evaporado su humedad natural y tenga un color más oscuro.

4 Agregue la leche, la leche evaporada o el *khoya*, el cardamomo y el azúcar, y siga rehogándolo unos 30-35 minutos más, hasta que tenga un color rojo parduzco.

5 Pase la mezcla a una fuente de servir grande y llana.

6 Decore el postre con los pistachos y el *vark* (si lo utiliza), y sírvalo enseguida.

SUGERENCIA

La manera más rápida de rallar las zanahorias es hacerlo en una picadora.

SUGERENCIA

A mí me gusta utilizar ghee puro para este postre, porque es bastante especial y sabe mejor preparado con él. Pero, si está vigilando su consumo de grasas, utilice ghee vegetal como sustituto.

Arroz dulce con azafrán

Serves 4

INGREDIENTES

200 g de arroz *basmati*
200 g de azúcar
una pizca de hebras de azafrán
300 ml de agua
2 cucharadas de *ghee*

3 clavos
3 vainas de cardamomo
25 g de sultanas

PARA DECORAR:
unos cuantos pistachos
vark (pan de plata) (opcional)

1 Lave el arroz dos veces y llévelo a ebullición en una cazuela con agua, removiendo. Cuando esté medio cocido, retire la cazuela del fuego, escúrralo y resérvelo.

2 En un cazo, hierva el agua con el azúcar y el azafrán, removiendo hasta que el almíbar se espese. Resérvelo.

3 En otro cazo, caliente el *ghee*, el cardamomo y el clavo, removiendo de vez en cuando. Retire el cazo del fuego.

4 Vuelva a poner el arroz a fuego lento y añada las sultanas, removiendo.

5 Vierta el almíbar sobre el arroz y remueva.

6 Eparza la mezcla de *ghee* sobre el arroz, y cuézalo a fuego lento unos 10-15 minutos. Compruebe si el arroz está cocido. Si no fuera así, añada un poquito de agua, tápelo y déjelo un poco más de tiempo a fuego lento.

7 Sirva el postre caliente, decorado con unos pistachos y *vark*, y con nata líquida, si lo desea.

VARIACIÓN

Para que tenga un poco más de sabor a azafrán, tueste ligeramente las hebras de azafrán bajo el grill caliente, en un trocito de papel de aluminio, unos instantes (no las deje demasiado tiempo porque el sabor se estropeará), y después tritúrelas con los dedos antes de añadirlas al azúcar y al agua en el paso 2.

Crema de almendras con leche y ghee

Para 2–4 personas

INGREDIENTES

2 cucharadas de *ghee* puro o vegetal	100 g de almendras molidas	hojas de menta fresca, para decorar
25 g de harina	300 ml de leche	
	50 g de azúcar	

1 Pase el *ghee* a un cazo de base gruesa y derrítalo a fuego suave, removiendo para que no se queme.

2 Reduzca la temperatura y añada la harina, sin dejar de remover para evitar que se formen grumos.

3 Añada las almendras a la mezcla, sin dejar de remover.

4 Poco a poco, vaya añadiendo la leche y el azúcar al cazo y llévelo a ebullición. Cuézalo unos 3–5 minutos más, o hasta que el líquido esté suave y adquiera la consistencia de una crema.

5 Vierta el postre en un cuenco de servir, decórelo y sírvalo caliente.

VARIACIÓN

Puede utilizar leche de coco para esta receta, es una alternativa deliciosa.

SUGERENCIA

El ghee se vende en dos versiones. El ghee puro, hecho con mantequilla derretida, no es adecuado para los vegetarianos estrictos; pero se puede encontrar ghee vegetal en los colmados orientales y en algunas tiendas de dietética.

Fideos indios dulces

Para 4-6 personas

INGREDIENTES

25 g de pistachos (opcional)
25 g de almendras fileteadas
3 cucharadas de *ghee*

100 g de *seviyan* (fideos indios
finos)
850 ml de leche

175 ml de leche evaporada
8 cucharadas de azúcar
8 dátiles secos sin hueso

1 Deje los pistachos en remojo (si los utiliza) como mínimo durante 3 horas en un cuenco con agua. Pélelos y mézclelos con las almendras fileteadas. Píquelo todo finamente y resérvelo.

2 Derrita el *ghee* en una cazuela y fría los *seviyan* muy ligeramente. Baje el fuego enseguida (los *seviyan* se doran muy deprisa; por lo tanto, vigile que no se quemen). Si es preciso, retire la cazuela del fuego: no importa si algunos han quedado más oscuros que el resto.

3 Agregue la leche a los fideos y, lentamente, llévela a ebullición, con cuidado de que no se derrame.

4 Añada el azúcar, la leche evaporada y los dátiles a la mezcla. Cuézalo a fuego suave durante 10 minutos, sin tapar y removiendo de vez en cuando. En el momento en que empiece a espesar, vierta los fideos en un cuenco de servir.

5 Decórelos con los pistachos picados (si los utiliza) y las almendras fileteadas.

SUGERENCIA

Puede comprar los seviyan *(fideos indios finos) en colmados indios. Este postre se puede servir frío o caliente.*

Dulces de almendra y pistacho

Para 4–6 personas

INGREDIENTES

75 g de mantequilla sin sal
200 g de almendras molidas
150 ml de nata líquida

200 g de azúcar
8 almendras picadas
10 pistachos picados

1 Ponga la mantequilla en un cazo mediano, a poder ser antiadherente. Derrita la mantequilla, removiendo bien.

2 Muy despacio, vaya añadiendo la almendra molida, la nata líquida y el azúcar, removiendo. Baje la temperatura y cuézalo unos 10-12 minutos, sin dejar de remover y raspando el fondo del cazo.

3 Suba la temperatura hasta que la mezcla adquiera un tono más oscuro.

4 Vierta la mezcla de almendras en una fuente de servir poco honda, y allane la superficie con el dorso de una cuchara.

5 Decore la parte superior de la pasta con las almendras y los pistachos picados.

6 Deje cuajar la pasta aproximadamente 1 hora, después córtela en rombos y sírvalos fríos.

SUGERENCIA

Puede preparar este postre de almendras (llamado barfi*) con antelación y guardarlo en un recipiente hermético en la nevera varios días.*

SUGERENCIA

Puede utilizar diversos tipos de cortapastas para obtener otras formas diferentes a los rombos, si así lo prefiere.

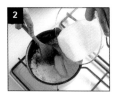

Índice